中等职业教育市场营销专业系列

商业心理学基础

SHANGYE XINLIXUE JICHU

◎主　编　卢发翠

◎副主编　刘　勋

重庆大学出版社

内 容 提 要

商业心理学基础,是对商业活动过程中人的心理活动发展变化规律及其对商业活动的影响进行讨论分析为内容的。本书立足于人是经营世界里的最关键的因素,"把握人心,把握一切",力求以建立自我知识体系、创设商业营销策略、开发顾客兴趣和心理需求为基点,研究在商业活动过程中如何与顾客交流、如何通过激发顾客的购买兴趣和需要来促成顾客购买行动、如何定价调价、如何选择符合顾客心理需要的促销等心理策略。每单元都配以案例分析,让学员在学习理论的同时,强化实际操作意识的形成,运用相关理论进行实例分析及实际操作训练。其主要内容包括商业心理学的认识、影响商业活动的基本心理过程、影响商业活动的意志过程、商业活动中的顾客个性心理、商业活动中的购买动机激发策略、影响商业行为的客观因素的分析、商业活动中的价格心理分析、商业促销的心理策略。

图书在版编目(CIP)数据

商业心理学基础/卢发翠主编.—重庆:重庆大
学出版社,2010.11(2022.2 重印)
中等职业教育市场营销与策划专业系列教材
ISBN 978-7-5624-5675-9

Ⅰ.①商…　Ⅱ.①卢…　Ⅲ.①商业心理学—专业学校
—教材　Ⅳ.①F713.55

中国版本图书馆 CIP 数据核字(2010)第 167409 号

商业心理学基础

主　编　卢发翠
副主编　刘　勋
策划编辑:顾丽萍

责任编辑:李桂英　　版式设计:顾丽萍
责任校对:夏　宇　责任印制:张　策

*

重庆大学出版社出版发行
出版人:饶帮华
社址:重庆市沙坪坝区大学城西路 21 号
邮编:401331
电话:(023) 88617190　88617185(中小学)
传真:(023) 88617186　88617166
网址:http://www.cqup.com.cn
邮箱:fxk@ cqup.com.cn (营销中心)
全国新华书店经销
POD:重庆新生代彩印技术有限公司

*

开本:720mm×960mm　1/16　印张:12.25　字数:231千
2010 年 11 月第 1 版　　2022 年 2 月第 4 次印刷
ISBN 978-7-5624-5675-9　定价:39.00元

编委会

在贯彻落实国家教育部《面向 21 世纪教育振兴行动计划——"职业教育课程改革和教材建设规划"项目成果——中等职业学校重点建设专业教学指导方案》的过程中,教育部中职教材出版基地——重庆大学出版社组织全国一批国家级重点中职学校的教师和业内资深人士共同编写了这套中等职业教育市场营销专业系列教材。

本套教材在培养目标与规格上力求与教育部《重点建设专业教学指导方案》保持一致,同时,充分考虑近年来中职学生生源状况和现代商贸企业岗位设置的变化与用工的实际情况,以围绕培养职场一线初级经营管理人员为核心,以培养其实际操作、应用能力为重点,以行动导向教育教学理念为指导,以任务驱动教学为特征,强调"做中学、学中做",方便教师组织教学。

本套教材的编撰思路是:在充分分析商品经营与市场营销业务人员初级岗位主要工作内容的基础上,将其具体工作中应知与应会的知识和技能,综合在若干个与实际工作任务相吻合的学习与训练任务之中,而每一个学习和训练任务又综合包含了完成某项具体工作任务所必需的知识、技能和职业态度要求。

本套教材的各个分册为相对独立的教学课程,均由若干学习和训练任务构成,每个学习和训练任务均包含下列内容:

1.学习目标。规定本任务在知识、能力和情感领域所要达成的教学目标。

2.学时建议。提供本任务在教学时可量化的课型与课时参考意见。

总序

3.导学语。运用图片、对话、小故事、案例等形式，激发学生对本任务学习的兴趣，诱导学生对任务内容的探究心理，引入学习内容。

4.学一学。借助案例、小资料、小链接、想一想等形式，完成本任务所必须掌握的知识、技能的学习与训练和情感的养成，并适度拓展相关资讯。

5.做一做。对本任务所涉及的必须掌握的知识、技能及应予形成的情感，进行有针对性的实训活动组织。

6.任务回顾。小结本任务的核心知识与技能及必须形成的职业态度与情感。

7.名词速查。归纳本任务涉及的最基本的名词、术语和行话。

8.任务检测。通过多种形式的课业练习，巩固本任务所学到的知识并检查任务的完成情况。

本套教材作者多系中等职业学校的一线教师和业内职场人士，他们把对中等职业教育教学的思考与亲身体验所得到的感悟融入到教材的内容之中，或许与传统的教学内容有所差异，但正是这种差异，使得这套教材能够形成。囿于知识、经验、能力与环境等多重因素，本套教材也一定存在诸多值得商榷和有待完善的地方，敬请各位同仁提出宝贵的意见，对此，作者表示诚挚的感谢！

编委会

2010 年 5 月

商业心理学基础，主要是探讨商业活动过程中人的心理活动发展变化的一些规律和特点。本书立足于人是经营世界里的最关键的因素，"把握人心，把握一切"，力求以建立自我知识体系、创设商业营销策略、开发顾客兴趣和心理需求为基点，讨论在商业活动过程中如何与顾客交流、如何通过激发顾客的购买兴趣和需要来促成顾客购买行动、如何定价调价、如何选择符合顾客心理需要的促销等心理策略。每任务单元都配以案例分析，让学员在学习理论的同时，强化实际操作意识的形成，运用相关理论进行实例分析及实际操作训练。

本书根据"浅显、实用、全面"的编写原则，立足于商业从业人员对商品销售活动中心理学知识的了解和掌握，通过把复杂的心理学原理实用化、生活化，让商品销售人员对商业心理学的一些知识获得准确的认知，从而充分了解顾客购买行为背后的心理密码；力求让学习者轻松掌握相关知识点，以便举一反三、灵活运用。本教材的内容以学习导航、案例赏析、学一学的任务模块、做一做的实训模块、案例综合分析、任务回顾、名词速查、任务检讨等栏目进行陈列。所列举的案例，除少数典型性的有学习模仿意义的案例外，多数以商业活动中人际交往的实例进行探讨和分析。每任务单元都配有实训巩固和案例综合分析题，让学员在学习理论的同时，强化实际操作意识的形成，通过运用相关理论进行实例分析和实例操作。强化知识理解领悟，提高实践工作能力。

前言

本教材建议课时为 65 学时,具体学时分配如下:

序号	内 容		学时	理论	实训
1	任务 1	了解商业活动中的心理学知识	8	4	4
2	任务 2	打造商业活动人员合格的心理素质	6	4	2
3	任务 3	走近顾客基本心理过程	10	6	4
4	任务 4	探讨商业活动中的顾客个性心理	13	8	5
5	任务 5	激发顾客交易购买动机的策略	18	12	6
6	任务 6	剖析影响商业行为的客观因素	10	8	2

本书由湖北省秭归县职业教育中心卢发翠任主编,贵州省经济学校刘勋任副主编。卢发翠编写第一、二、四任务单元;柳州城市职业学院刘丽编写了第三任务单元;刘勋编写第五任务单元;湖北省宜都市职教中心杨勇、杨梅编写第六任务单元。全书由卢发翠统稿。

本教材适合中等职业教育的电了商务、市场营销、文秘、办公室文员等专业学员和商业第一线短期培训学员学习。

由于成书时间仓促,加之编者水平有限,书中难免有不妥之处,在此恳请读者批评指正。

编 者

2010 年 6 月

目录

参考文献

任务 1
了解商业活动中的心理学知识

 任务目标

1. 了解心理学的一些基础知识和内容。

2. 了解商业活动中的心理学知识。

3. 了解从事商业活动应该掌握的岗位心理学知识。

4. 了解商业心理学与商业活动发展的关系。

 学时建议

知识性学习 4 课时。

案例学习讨论 4 课时。

现场观察学习 4 课时 (业余自主学习)。

【导学语】

学习心理学对于商业活动来说有什么意义呢?

影响商业活动成功的一个最重要因素是什么呢?

"把握人心,把握一切"这一商业理念有道理吗?

案例赏析

卖"色"
——成功,不一定是策略

[经典回放]有这样一则故事:一位咖啡店的老板,无意中发现了一个秘密:她发现同一壶咖啡,放在不同颜色的杯子里面,客人却总是说不同。放在红色杯子里的咖啡,客人觉得浓;放在黄色杯子里的咖啡,客人觉得正好;放在青色杯子里的咖啡,客人说太淡了。于是,这位老板找到了一个降低成本的好办法——把店里的咖啡杯一律换成红色。这样一来,咖啡的用量减少了,而顾客仍觉得这里的咖啡香浓,红色的咖啡杯成了老板招揽顾客的手段。从此,咖啡店赚取了更大的利润。

[画龙点睛]这则故事的原因是颜色、视觉与人的心理效应的奥秘。看完这个例子,大家一定会得到一个结论:即商业活动的成败,并不一定只是取决于策略,更需要巧"攻心"。影响商业活动成功的一个最重要因素是人的心理满足感和需求度,也就是人的心理,可见,"把握人心,把握一切"这一商业理念是非常有道理的。这就是我们现在正要学习和了解的一门新的学科——商业心理学基础。

【学一学】

1.1　商业活动中的心理学知识

1.1.1　心理学知识介绍

1)心理学概述

(1)什么是心理学

心理学是一门以解释、预测和调控人的行为为目的,通过研究分析人的行为,揭示人的心理活动规律的科学。

人们通过对人心理的研究,总结其活动规律,既能清楚地了解自己,又能对别人有较为正确的把握,这样,就会增强在社会交往中的有效度。通过心理学的学习,能提高人的交际能力,使人更能把握交往的分寸,洞悉对方心理活动和想法,从而达到引导对方行为的目的。

小链接

受暗示实验

让一个人水平伸出双手,掌心朝上,闭上双眼。告诉他,现在他的左手上系了一个氢气球,并且不断向上飘;他的右手上绑了一块大石头,向下坠。3分钟以后,就会看到他双手之间的差距。

再如,在公共汽车上,你会发现这样一种现象:一个人张大嘴打了个哈欠,他周围会有好多人也忍不住打起了哈欠。

其实,人很容易受到周围信息的暗示,并把他人的言行作为自己行动的参照。

人的心理现象并不是神秘的、不可捉摸的、不可理解的东西。它是人类最熟悉、最普遍的精神现象,它存在于每个人的自身中,人的心理是人脑对客观现实的反映,是每个人对所处的客观现实的一种主观能动的心理反应。例如,消费者在商店购物时,就会因环境的不同而产生不同的心理现象。当他走近柜台,受到商品销售人员的热情接待,又看到了自己心仪的商品时,就会感到亲切、高兴、愉悦,表现为喜形于色。当他看到商品的价格比他所拟购的价格高时,又会产生犹豫心理,于是表现为思考、观察、比较等行为。这些反应和行为都是消费者在购物活动中的心理活动的反映。

人的心理现象是普遍存在的,同时也是复杂多样的。概括起来说,人的心理现象可分为心理过程和个性心理两大方面。

人的心理过程是指心理活动发生、发展的过程,也就是人脑对现实的反映过程。人们在活动的时候,通过各种感官认识外部世界事物,通过头脑的活动,思考着事物的因果关系,并伴随着喜、怒、哀、乐等情感体验。这种折射出一系列心理现象的整个过程就是心理过程。它包括认识过程、情感过程和意志过程,简称知、情、意。认识过程简称知,是最基本的心理过程,它是人在认识客观世界的活动中所表现出的各种心理现象,包括感觉、知觉、记忆、思维、想象等心理活动环节。情感过程简称情,是指人们在认识客观事物时产生的各种内心体验过程,是反映客观事物是否满足人的主观需要的一种倾向性的态度和主观体验。它表现为喜、怒、哀、乐、忧、愁等情绪,是人们采取行动的最初始动力。意志过程简称意,是指人们为达到预定目标,自觉支配和调节自己的行为,并与克服困难相联系的心理活动过程,是人们最终采取行动,并达到目的的保证。人的认识活动、情绪情感活动和意志活动是统一的心理过程的3个不同方面,它们是相互联系、相互制约和相互影响的。

心理过程的3个方面是人的心理活动的共性,而日常生活中人所表现出来的却是多种多样的,那是由于遗传、环境和教育的影响而形成的、带有个人色彩的心理个性差异,即个性心理。

个性心理是一个人区别于他人的、在不同环境中显现出来的、相对稳定的、影响人的外显和内隐性行为模式的心理特征的总和。按现代心理学的观点,它包括个性倾向性、个性心理特征、自我意识3个方面。个性倾向性是决定人对现实的态度和行为方式的动力系统,它是推动人进行活动的动力系统,是个性结构中最活跃的因素,决定着人对周围世界认识和态度的选择和趋向,决定人追求什么,包括需要、动机、兴趣、理想、信念、世界观等。它是一个人进行活动的基本动力,它较少受生理、遗传等先天因素的影响,主要是在后天的培养和社会化过程中形成的。个性心理特征是个体在其心理活动中经常地、稳定地表现出来的特征,主要是指人的能力、气质和性格。能力指人顺利完成某种活动的一种心理特征;气质是指个人生来就有的心理活动的动力特征,表现在心理活动的强度、灵活性与指向性等方面的一种稳定的心理特征,具有明显的天赋性,受到遗传因素的影响多;性格指一个人对人、对己、对事物(客观现实)的基本态度及其相适应的习惯化的行为方式中比较稳定的独特的心理特征的综合。自我意识指自己对所有属于自己身心状况的意识,包括自我认识、自我体验、自我调控等方面,如自尊心、自信心等。自我意识是个性系统的自动调节结构,有的学者还把自我意识称为自我调控系统。

人的心理过程的共性和个性心理差异也是密切联系在一起的。一方面,人的个性心理是在一般心理活动过程中形成和发展的,如果没有对客观现实的认识,没有对外界事物的情绪与情感体验,没有对客观现实积极改造的意志过程,人的个性是无法形成的。另一方面,人的个性也制约着人的心理过程。例如,在认识事物、解决问题时,有的快、效率高,有的慢、效率差,这是能力的制约;在处理事情时,有的果断、认真,有的人却犹豫、马虎,这是性格制约;遇事时有的冷静,有的冲动,这是气质制约。可见,心理过程和个性心理是完整的心理现象中不可分割的两个方面。其实,人的一切行为和反应都是有规律可循的。

(2)学习心理学的意义

学习心理学知识,就能了解别人的心理需求,减少交往交流阻力,提高交往效率,有效引导别人的行为;了解自己的心理活动规律,就能有效地调节自我的行为。这就是学习心理学知识的好处。通过对人与人之间思想行为的研究,既能提高自我辩证地看待问题的能力,探索出一套既适合自己又符合时宜的人际交往的规律,以指导自己的行为方式,准确地驾驭自己,加强自我的约束能力,从而提升自我在他人心中的位置,还能了悟别人的内心想法和变化规律,从而能准确地引导别人的行为。学习心理学知识,既能指导自己与他人交往,又能指导自我进行调节,这也是人生成功的重要法宝。

其实,对人的心理认识的探究,自有人类文明史以来就已经开始了。比如,"眉头一皱,计上心来""胸有成竹"等成语,说明关注心理活动,探究心理活动规律从很早就开始了。中国古代哲学、医学、教育和文艺理论等著作中,有着丰富的心理学思想。1879年,德国著名心理学家冯特在德国的莱比锡创造了第一个心理学实验室,开始了对人的心理活动的系统研究,心理学也从那时真正地脱离了哲学的怀抱,走上了独立发展的道路。但是,心理学仍然是一门年轻的学科,还在不断发展之中。

而且,对现实生活的真实描写,无一不是心理学的案例。例如,"反映、看到、听到、感到、想到、行动"是心理学中讲的"感觉"和"知觉","记得、想起"就是心理学中讲的"记忆","猜想、盘算"就是"思维"问题,"高兴、惬意、喜欢"属于"情感","忍耐、坚持"属于"意志"。这些反映人们现实生活中的所想所感所悟,就是心理学中研究的人的心理活动或心理现象,都是人们所熟悉的,也是有一定规律可循的。只要能把握人的心理活动的规律,就能在人际交往中获得成功。

2)心理学在商业活动中的应用

首先,我们一起了解一下什么是商业活动。按林永益教授的解释,就是财货(物)、劳务(人)通过工业(生产分配)、企业(营运管理)、商业交易服务达致消费者的一个过程。而这个过程是由个体或团体组织的一系列行为(由动机、需要、刺激所引起的一连串反应)完成。这就是商业活动。也就是说,在商业活动中,人的活动和行为是最关键的因素。

商业活动是一种特殊的社会活动,是人们在进行商品交换时的社会活动。这种商品交换活动的主体是人。人的倾向、喜好、期望等心理活动,投射到商业活动的各个环节、各种形式,形成了影响商业活动的重要元素,也是人们在从事商业活动中重点考虑和研究的要素。

最简单的商业活动

上图是最简单的商业活动,从图上不难看出:商业活动与人的心理喜好、期待、需求有密切的关联,如商品的摆放、色泽的搭配等。因此,我们知道,伴着商品活动的产生和发展,就必然出现各种各样的心理活动。这些商业活动中所产生的心理活动有哪些现象?有哪些特点和规律?这些特点和规律与商业活动有什么关系?对整个商业活动有什么影响?等等。我们对这些问题的认识,就是从事商业经营活动的前提。因为人是经营世界里最关键的因素——客户是人、供应商是人、商品销售也是人……正是出于这种认识,不少经营者甚至还提出"把握人心,把握一切",可见,心理学知识在商业活动中的应用也是非常广泛的。

想一想、练一练

我们都有逛商店的经历和体验,现在回想一下:

①当你没有明确的购买目标时,能促成你的购买行为实现的因素主要有哪些?

_____

_____

_____

②假若你是商品销售员,看到顾客进店,你会有哪些反应? 为什么要有这样的反应?

_____

_____

目前,心理学的研究领域正在不断地扩大,进入了既高度分化又高度综合的阶段,特别是在商贸经济领域中,对人的心理活动的研究也越来越广泛。例如,通过观察客户的眼神就可以捕捉商机。用眼神来传情达意的方式是丰富多彩的,通过人的眼神也可以捕捉到商机的,比如对审视对象只看一眼,就故意将视线移开的人,恰恰表明其渴望和需求,这是心理的反向作用。

在市场经济情况下,我国的市场空前活跃,经济繁荣,人们的消费水平也相对提高。在市场竞争中,各种促销手段迭出,广告之声不绝于耳;消费者的需求不断更新,消费需求种类与范围不断增多和扩展,心理的相关作用也越来越明显,因为心理学的知识有助于经营者提高经营管理水平,促进销售;有助于消费者增加对市场经营活动的认识,有助于提高购买能力,促进消费生活的合理化和消费质量的提高,等等。

1.1.2　商业活动中的心理学

在前面我们已经学习过,心理学是研究个体行为的一种科学,它主要研究个体的心理现象及其发生发展规律。它是一门以解释、预测和调控人的行为为目的,并通过分析人的行为来揭示人的心理活动规律的科学。人们通过对人的心理的研究,就能洞悉人的想法以及与此想法相应的行为方式,提高交往的有效度。

商业活动中的心理学是被关注和利用得很早的知识,而且也有学者编写专门的教材供人们研读,主要研究在商业活动中经营者和消费者心理活动的一般现象及其规律。它的研究领域涵盖了商业活动的全过程,其中最活跃的两个部分是广告心理学和消费者心理学的内容,特别是在商业广告中体现得最早、最充分。

1)最早的商业活动中的心理学

其实,从人类社会有了商品交换活动,就有了对人的心理活动的探索。为了使商品交换活动更顺利,能为自己带来更大的利益,商家会想方设法地引起别人的注意,或是让自己的商品更能突出优势和特性,以受到更多人的欢迎。这些想法和表现技巧、手段都蕴含了心理学思想。比如,商品宣传广告。为什么要有广告呢? 因为这样才能引起人们的注意呀。这就是在琢磨人的心理活动的规律——即较强的刺激,才更能引起人们的注意。于是,最原始的商品宣传就以各种形式存在并发展着。从开始的最原始、最简单的广告形式——通过声音进行的口头广告，又称叫卖广告开始，到后来的商标字号、招牌广告，到现在丰富多彩的商品宣传形式，无一不是以探究人的心理活动规律为前提和依据的。

据记载，早在奴隶社会初期的古希腊，人们通过叫卖贩卖奴隶、牲畜，公开宣传并吆喝出有节奏的广告；古罗马大街上充满了商贩的叫卖声。古代商业高度发达的迦太基——广大地中海地区的贸易区，就曾以全城无数的叫卖声而闻名。后来，商标字号也成了古老的广告形式之一。商店的字号起源于古城庞贝。在古罗马帝国，人们用字号标记来做角斗和马戏团表演的广告。商标字号都是象征的，如古罗马的一家奶品厂就以山羊作标记；一条骡子拉磨盘表示面包房；而一个孩子被鞭子抽打则是学校采用的标记。在中世纪的英国，一只手臂挥锤表示金匠作坊，三只鸽子和一只节杖表示纺线厂。伦敦的第一家印第安雪茄烟厂的标记，是由造船木工用船上的桅杆雕刻出来的。

2）我国商业活动中最早体现心理学知识的是商业广告

我国是世界上最早拥有广告的国家之一。早在西周时期，便出现了音响广告。《诗经》的《周颂·有瞽》一章里已有"箫管备举"的诗句，据汉代郑玄注说："箫，编小竹管，如今卖饧者吹也。"唐代孔颖达也说："其时卖饧之人，吹箫以自表也。"可见西周时，卖糖食的小贩就已经懂得以吹箫管之声招徕生意。

在我国古代继音响广告之后而出现的则是"悬帜"广告。《韩非子·外储说》说："宋人有酤酒者，升概甚平，遇客甚谨，为酒甚美，悬帜甚高著。"这是我国酒家和酒旗最早的记录。酒店开设在固定场所，为了招徕顾客，抛出"一面酒旗"，这也就是吸引主顾的广告形式。这种形式后来沿用不断，如唐代张籍有"高高酒旗悬江口"，杜牧有"水村山郭酒旗风"等诗句。《水浒传》里也有这样的描绘："武松在路上行了几日……望见前面有一个酒店，挑着一面招旗在门前，上头写着5个字：'三碗不过岗'。"《元曲·后庭花》中"酒店门前三尺布，过来过往寻主顾"，不但说明了酒旗的尺寸，还说明了酒旗的作用。除了酒旗外，其他行业也有各种标志性的广告形式。《费长房》中说"市有老翁卖药，悬壶于肆头"，就是用葫芦作为药铺的象征性标志，悬挂街头或药铺的门前。这里的"悬旗""悬壶"给人以非常醒目的视觉效果，用现代话说，就是"招牌广告"。

以上对广告发展的记载，说明了商业心理学是随着商业活动产生而产生的，而我们国家，也是较早开始关注商业活动中的人的心理活动现象及其规律的国家之一。

看图分析：

酒广告

卖报广告

简单分析图中所蕴含的心理学因素：

_____

_____

_____

_____

_____

3）对商业心理学的研究

　　商业心理学的元素在有商品交换时就有了，但成为一门科学被人们所认识、研究不是很早，在应用心理学领域，应用社会心理学从一开始便重视心理学在工商业中的应用问题。1908年，美国应用心理学家 W. D. 斯科特发表了《广告心理学》专著，这标志着商业心理学的兴起。20世纪30年代以来，随着以消费者为中心的市场经销观念的确立，消费者心理学逐渐成为商业心理学研究的主流。它着重研究消费者的特点、需求和爱好。由于其研究涉及人的经济行为和产品设计，因此与经济学和社会学有着密切联系。1960年，美国心理学会正式组建了消费者心理学分支机构，其中包括广告研究。美国在1960年、1964年和1974年分别出版了《广告研究杂志》《市场营销研究杂志》和《消费者研究杂志》。而 NLP，NAC 等新式的心理学流派纷纷走进了人们的工作与生活。那么，商业心理学是否真的如此神奇？

　　小故事

　　曾看到一则消息："超级女声"代言某品牌酸酸乳，使该品牌酸酸乳的销量一下子飙升；但是当"超级女声"做佳洁士牙膏的广告，却引起了我们周围很多人停止使用佳洁士牙膏。

评析:"超级女声"做广告,激发了一群十来岁的小女生心中的梦想——丑小鸭变白天鹅的明星之梦,符合了那个特定的群体心理;而佳洁士牙膏销量下降,是因为某一群体的人,为了说自己不喜欢"超级女声"某某某。所以,"超级女声"的形象只在一个特定的群体里管用,脱离这个群体,可能不怎么灵。

由故事而想到的:＿＿＿＿＿＿＿＿＿＿＿＿＿＿＿＿＿＿＿
＿＿＿＿＿＿＿＿＿＿＿＿＿＿＿＿＿＿＿＿＿＿＿＿＿＿＿＿＿＿＿＿
＿＿＿＿＿＿＿＿＿＿＿＿＿＿＿＿＿＿＿＿＿＿＿＿＿＿＿＿＿＿＿＿
＿＿＿＿＿＿＿＿＿＿＿＿＿＿＿＿＿＿＿＿＿＿＿＿＿＿＿＿＿＿＿＿

案例赏析

沃尔玛的特殊推销行为

[精典回放]有这样一则故事:曾经有一家沃尔玛门店,把啤酒和纸尿裤放在一起,就提高了两者的销量。据说,开始卖场经理主张把啤酒和纸尿裤放在一起,很多人产生质疑,结果发现两者的销量都提高了。而销量的提高既不是因为产品的更新,也不是因为产品质量的变化。为什么会产生这样的结果?卖场为什么会进行这样的排列?你可千万不要认为是因为喝喝啤酒容易上厕所,所以买啤酒就会选择纸尿裤。

[画龙点睛]其实这是一个心理关联行为研究的典型例子。卖场经理的决定来源于资料数据,而这些资料的来源就是客户到超市买东西的购物条。卖场经理通过门店的数据库发现,很多消费者的购物条上都同时出现了啤酒和纸尿裤,并通过进一步研究发现这些客户都是家庭主妇,并且家里有小孩子,需要纸尿裤。一个数据库营销的关键点就出现了,对于一个刚刚生孩子的家庭主妇来说,人生中最重要的两个人,一个是孩子,一个是孩子的父亲,所以他们买东西的时候肯定会考虑给孩子买什么,同时也要给孩子的父亲买点什么。当把纸尿裤和啤酒放在一起的时候,"刚刚有孩子的家庭主妇"这一类客户就很自然地接受这种正好符合她们购买行为和购买心理的安排,这是一个简单的关联消费行为效益。

这一个案例说明了影响商业活动效率的重要因素是人的心理需求,也说明了商业心理学的重要性。

1.2 商业从业人员应该了解的岗位心理学内容

我们学习和了解商业活动中的心理学知识,其最终目的是为指导商业经营活动，那么，作为一个商业活动的从业人员，我们最应该了解和学习的是哪些方面蕴含的心理学知识和技巧呢？

我们知道，在商品或劳务交换活动中，人是决定活动效率最关键的因素。在这一特殊的社会活动中，有关商业活动的任何因素，都与人的心理现象有关。因此，伴着商业活动产生和发展的人的心理现象是什么？它有哪些特点？它有什么规律？它与商业活动有什么关系？对商业活动有什么影响？……都是我们商业从业人员应该了解和学习的知识。

小故事

买 马

有位农夫要为他的小女儿买一匹小马。在他居住的小城里，共有两匹小马出售，从各方面来看，这两匹小马没有什么差别。第一匹马售价500美元，可以一手交钱，一手交货，想要就牵走。第二匹马售价750美元，可以先试骑一个月，而且免费提供一个月的草料，并让驯马人每周去教如何喂养小马，一个月结束，如果不买马，他们还负责打扫马舍。结果，农夫选择了第二种方案，以750美元的价格为他的小女儿买了一匹小马。

评析：为什么农夫宁愿多花掉250美元呢？这就是商业活动中的心理学。因为商家运用了典型的"无风险购买"原理，进而将逆转风险的技能注入经营之道。什么是无风险购买呢？无风险购买就是将客户所有的风险因素从客户心理上弱化甚至去掉，而将可能给客户带来好处的因素尽量放大，让客户从心理上得到最大的满足感和安全感。

由故事而想到的：_____

_____

_____

_____

从现代营销学的观点来看，商业活动市场是买卖双方出售商品和劳务的场所，而商业活动的最终目的是实现商品价值的转化。把商品销售给消费者，实现其价值，关键在于商品能否满足消费者的需求，应该从哪些方面去满足？作为商品销售者来说，只有充分了解并掌握消费者的需求爱好、消费习惯、购买心理及其变化的规律等，才能在日趋复杂的市场销售活动中占据主动，实现商品的价值转化，求得自身的生存和发展。因此，对市场销售活动中消费者的各种心理现象及其发展规律的琢磨和探索是商业从业人员应该了解和学习的心理学知识。

从以上分析我们知道,作为商业从业人员,为了更好地把握商业活动的规律,取得商业活动的最好价值,应该了解和学习的心理学知识,主要有 3 个方面,即商品消费者的心理、商品经营策略心理和商品经营者心理。

1.2.1　商品消费者的心理

商品消费者的心理是商业从业人员了解和学习的主要内容。商品消费者心理指商品消费者在购买和消费商品过程中的心理活动。消费者一般是先接触商品,引起注意;然后经过了解和比较,产生兴趣和偏爱,出现购买欲望;条件成熟,作出购买决定;买回商品,通过使用,形成实际感受,考虑今后是否再次购买。这一整个过程的心理活动有些什么规律,有哪些是应该引起注意和能够进行诱导的,都是商业从业人员应该了解和把握的。商品消费者心理包括了消费者心理活动的一般过程、消费者购买行为的心理活动及其特征、消费者个性心理特征及其对购买行为的影响和制约作用、群体社会文化对消费者购买行为的影响等内容。具体反映在对消费购买行为、影响消费者购买决策的因素、消费者的价值心理、消费者的习惯心理、消费者的身份心理、消费者的情感心理等方面的分析和研究。

1)消费者购买行为

对消费者的购买心理分析,是从业人员学习的重要内容。一般来说,对消费者购买行为的分析,是根据消费者在购买时的谨慎程度,以及在购买过程中,愿花费多少时间和精力去收集信息、选择判断,最后决定购买与否的心理变化过程进行分析。根据消费者的心理差异表现,大致可分为 4 种消费者购买类型。

(1)复杂型购买

这种情况是指发生在消费者初次购买那些吸引程度高、品牌差异大的商品的场合。多数消费者对这类商品知之甚少,但因其价格昂贵,属于耐用消费品,故购买前的选择决策非常谨慎,要花费时间大量收集信息,多方位挑选比较。这种购买决策最为复杂。

(2)和谐型购买

这种情况是指发生在消费者购买吸引程度高,但品牌差异较小的商品时。这种购买因不同品牌的商品只要价格在同一档次内,质量功能差别不大,故不需要收集很多的信息或进行评价,吸引程度虽然很高,但因商品价格较高或不经常购买,也会引起消费者的心理波动。他们的决策重点在于买不买,买什么档次,而不在乎买什么品牌,且更关心能否得到价格优惠,购买时间和地点是否方便等问题。

（3）多变型购买

这种情况是指发生在品牌差别大、吸引程度低的商品上。消费者会经常变换所购商品的品牌，主要是出于尝试一下新东西的随意性，避免单调乏味。消费者在这类商品购买前，一般并不主动收集有关信息，只是通过广告等宣传媒体被动接受信息，对商品的品评也是发生在购买之后，而且即便对所购买商品的感觉不错，下次购买时仍可能更换品牌。

（4）习惯型购买

这种情况指发生在消费者购买吸引程度低、品牌差异小的商品时，是一种多次购买后形成的习惯性反应行为。消费者经常购买某种固定的品牌，并非出于忠诚，而是出于习惯，当货架上没有这种商品时，消费者会毫不犹豫地购买另一种看上去十分相似的产品。

显然对于不同的消费者购买行为类型，销售人员的工作重点会不一样，促销的策略也不能相同。在进行商品销售时，一定要在了解不同产品购买背景和消费者的个性差异的同时，激起消费者对商品的再认识，达到诱导购买的目的。

2）影响消费者购买决策的因素

影响消费者购买决策的因素是很复杂的，按心理学的原理，我们大致可概括为环境因素、刺激因素、消费者个人及心理差异等。

（1）环境因素

文化环境、社会环境和经济环境都是影响消费者购买的重要因素，如购买行为中的从众心理。从众指个人的观念与行为由于受群体的引导或压力，而趋向于与大多数人相一致的现象。消费者在很多购买决策上，会表现出从众倾向。购买行为中的从众心理就是环境因素的作用。对消费者个体来说，对此商品无所谓喜好，只是因为自己的交际群体的人大多购买，所以也毫不犹豫地选择购买，而当大家选择拒绝时也随众选择拒绝。再如，购物时喜欢到人多的商店；在品牌选择时，偏向那些市场占有率高的品牌等。

（2）刺激因素

对于绝大多数的消费者来说，购买行为都是理智的，那么，能影响购买行为的必定是诸如商品的价格、质量、性能、款式、服务、广告、购买方便与否等。如何挖掘商品的潜在优势是促销的重要策略。

（3）消费者个人及心理因素

在整个商品销售过程中，对活动过程影响最大、最深刻的是消费者的个人因素。个人因素包括年龄、性别、职业、经济状况和个性等因素。在这些因素中,心理差异又是最重要的,因为它不能直接看到,又被称作黑箱。而刺激因素则由商品销售端出发,然后被输入消费者黑箱,经过消费者的心理活动过程,才变为有关购买的决策输出。那么,消费者的个性差异包括哪些呢? 动机水平、感觉与知觉能力、观察能力水平、信念与态度等都是最重要的影响因素。

3)消费者心理的重要内容

(1)消费者的价值心理

艾尔·强森认为:消费者之所以喜欢某种产品,是因为他相信这种产品会给他带来比同类产品更大的价值,也就是说具有更大的潜在价值。这种潜在价值取决于产品的潜在质量。也就是指消费者心中感受到的质量,是消费者主观上对一种品牌的评价。例如,可口可乐之所以能领先百事可乐一个多世纪,就是因为它以自己的"正宗""原创""独一无二"作为宣传的优势,从而使消费者相信它具有无可替代的价值,这就是它的潜在价值。事实上,一种品牌之所以能够打开销路,常常不是因为它的真实价值,而是由于它的潜在价值。潜在价值具有独特性、独立性、可信性和重要性。潜在价值就是名牌效应,正如名人效应一样,就是一种观念,这种观念已深深根植于消费者的心中。

(2)消费者的规范心理

规范是指人们共同遵守的全部道德行为规则的总和。在现实生活中,规范有着巨大的作用,它左右着我们的思想,制约着我们的言行,影响着我们生活的方方面面。在许多情况下,规范可以成为诱发消费行为的动机。比如,全球的"绿色环保"理念,催生了无数的商品品牌。消费者之所以喜爱某种品牌,有时是为了避免或消除一种与其规范和价值相矛盾的内心冲突,因为人都有趋利避害的安全的需要。当消费者在作出购买或不购买某一品牌产品的决策时,规范也是一个重要的影响因素。

小链接

环保理念的运用

20世纪80年代初,全球掀起一股环保热。"青蛙"作为德国第一个重视环保的大众品牌,它不仅把属于规范范畴的环保观点当做价值广告战略的补充,而且还非常自豪地将它放在广告宣传的中心位置。短短3年,其产品的销售额便提高了3倍。

因为环保是人们普遍的心理需求。它的成功,正是因为它与全球性的环保意识相吻合,从而让消费者拥有一个与之所信奉的规范相适应、相协调的良好感觉。

(3)消费者的习惯心理

人的习惯是行为的定势,有时甚至比价值心理对人的决定作用还要大。消费者一般都有特定的消费习惯,这是消费者在日常生活中长期的消费行为中形成的。例如,当消费者最初使用某种名牌商品后感觉很好,形成了对该种商品质量、功效的认识,并逐渐产生了对这个品牌的喜好,就建立了对该品牌的信任,增强了使用该品牌的信心,一般情况下不会改用其他品牌的商品,而成为该品牌的忠诚顾客。又比如,有的消费者喜欢去大商场买服装、家电,去超级市场购买日常用品、食品。消费习惯一旦形成,一般不会轻易改变。品牌定位表达了一种哲理化的情感诉求,会激发消费者的消费欲望,培养消费者的消费习惯,提高消费者的品牌忠诚度。由于习惯潜移默化的影响,人们渐渐形成了固定的消费方式。这种消费方式对消费者的购买行为的影响作用是不可估量的。

小链接

竞　争

箭牌香口胶在德国面市。在消费者心目中,它是香口胶,防龋是它的一个独特的附属功能。同时上市的还有混合洁口胶。在消费者心目中,混合洁口胶的主要功能是洁齿护齿,香口则是其附属功能。经过一段时间的市场竞争较量,混合洁口胶终于败下阵来,箭牌香口胶则以90%的市场占有率遥遥领先。

原因其实很简单:消费者的习惯在作怪,大多数消费者已习惯于首先是香口胶然后才是防龋功能。

(4)消费者的角色心理

每个人都有一定的角色心理,也就讲究一定的身份地位,并在不知不觉中表现着自己的身份地位,尽可能地在社交场中使自己的服装发饰和言谈举止同自己的身份相符。这一心理因素直接影响着他的消费行为。于是营销专家根据人性本身的这种心理,总结了一套相应的营销理论——角色心理原理,让品牌成为消费者表达自我身份的有效武器。对商品经营者来说,挖掘商品的内在蕴涵,开发比竞争对手更胜一筹的、能够显露消费者身份的产品特性,也就成了一个重要学习内容,因为这会直接影响到消费者的购买决策,进而影响到产品销售。

（5）消费者的情感心理

情感是人对外界刺激的心理反应,如喜欢、爱慕、悲伤、恐惧、愤怒、厌恶等。消费者喜欢或者厌恶某种产品,都是消费者情感的自然流露。有经验的商品经营者非常看重这些因素,他们往往不遗余力地开发、挖掘商品内在的刺激因素,来触动消费者的情感,充分利用消费者的情感心理来提升商品价值,促成购买行为。

1.2.2　商品经营策略心理

商品经营策略心理是商业从业人员学习的重要内容。商业企业为了满足商品消费者的物质和心理上的需求,获取最大的商品价值转化的效益,就会在商品经营策略上狠下工夫,大做文章,以期刺激消费者的心理反应,引起消费者的注意和兴趣,促成商品消费者的购买行为。例如,产品的设计、命名、商标、包装、价格、广告等,甚至还考虑到从购物环境和商品陈列上迎合商品消费者的心理需求。这些都是商业从业人员学习的重要内容。这部分的内容有:产品的设计和销售心理,商品的命名、商标及商品的包装心理,商品价格心理,商品广告心理,购物环境及商品陈列心理,等等。

这些有关商业活动的心理学知识都是商业从业人员必须学习和研究的重要内容。商业活动的从业人员,如果不懂商品经营策略方面涉及的心理学知识,就犹如在茫茫的黑夜里行走,永远只能误打误撞。事实上,成功的商业活动从业人员往往都是心理学大师。

每一项商业活动的背后,都隐藏着客户深层的各种心理,并不单单只是我们能够看到或操作的各种程序,必须以心理学知识作为理论基础,探究商品经营活动中的心理策略。了解商品经营全流程中客户的各种心理,让你能够轻松应对并掌握客户的心理变化,以心攻心、见招拆招。这样才能进入一个"知己知彼,百战百胜"的商品经营的最佳境界。在商品经营活动中,虽然不一定要求去改变客户,但必须要取得客户的信任和好感。信任和好感是客户购买你的产品和服务的必要条件,也是客户从你这购买的唯一理由。

学习和掌握商品经营心理策略,你可以掌握客户的性格类型、洞察客户的心理需求、抓住客户的心理弱点、突破客户的心理防线、解除客户的心理包袱、赢得客户的心理认同。如此,你的所有努力就都会有回报。

1.2.3　商品经营者心理

商品经营者心理研究是商业活动中心理学知识的重要部分。有人说,在商业活动中,起决定作用的是具体的操作销售人员。可见,学习这个方面内容的重要性了。在商业活动中,商品经营销售者是主导者,他们心理活动的规律对商业活动成败的影响更不能忽视。比如,商业销售人员的心理品质、人际交往心理、社会沟通心理以及销售人员的个性心理特征对商业活动的效率影响都是研究的重要内容。

商品销售人员具有良好的心理环境和心理状态,有利于影响和激发顾客采取购买行为,因此,成功的推销者大多是善于首先把自己推销给顾客,将商品推销的重点放在自我推销上,以赢得顾客的理解、喜爱和信任,其次才是在此基础上推销其商品,由此而使推销目的得以顺利实现。通过观察身边无数成功与失败的推销事例,我们可以知道:推销商品的成败,主要原因不仅仅在于商品的魅力,更在于推销员本身的魅力。而推销员的魅力,一个很重要的方面来自其内在良好的心理品格,如随和豁达,有天赋的亲和力,善于调动自己的感情来诱导顾客的感情等。按人的心理结构,我们也可以把这一内容概括为3个方面:

一是商品销售人员的心理品质及培养;

二是商品销售人员的职业行为心理的养成;

三是在商品销售过程中人际交往心理与沟通心理等。

商品经营者心理是商业活动中非常重要的因素,需要学习了解的知识内容多而复杂,我们在以后的章节中一起学习和探讨。

1.3　几种典型心理效应对商业活动的影响

1.3.1　典型心理效应概述

现代科技的快速发展,带动各种学科知识不断更新,心理学也不例外,目前,心理学的研究领域正在不断扩大,已进入了既高度分化又高度综合的阶段,特别是在商业经济领域中,对人的心理活动的研究和应用已越来越广泛。在商业活动中,合理而巧妙地利用人的心理活动规律,会达到事半功倍的效果。例如,人们有从众心理,商家就有了集中营销的策略,有的甚至利用"托儿"来进行不正当地促销;因为人们有求新、求异、求奇心理,所以就有了五彩缤纷的商务广告和宣传;因为人们有求安避危的心理,所以就有了"绿色""环保"之类的营销理念;等等。反之,如果我们对一些特殊的心理效应视而不见,不能很好地把握人的心理活动规律,就会给我们的商业活动带来不必要的损失。

小链接

心理意象

有人做了一个有趣的试验：聚会时同时拿出红色包装的雪碧、橙汁各一瓶，黑色包装的雪碧、橙汁各一瓶，绿色包装的雪碧、橙汁各一瓶，黄色包装的雪碧、橙汁各一瓶让大家饮用，结果发现人们不约而同地只饮绿色包装的雪碧和黄色包装的橙汁。

这就是心理意象。因为人们的心理意象认为：雪碧是绿色的，橙汁是黄色的。不符合这个意象的就是错误的。后来很多商家都在市场活动中应用心理意象，甚至把他们的很多标准主观地移植给消费者，形成有利于他们的心理意象。

据说，日本经销商在中国抢占市场的策略是突出日本车的一个优势，即利用它的电吸门技术来攻击其他的车。"好车，一定是车门开了轻轻一关就自己吸上，还应该啪的一声响"，制造出这样的心理意象。这个意象一旦形成，就会成为消费者选车的标准，如果原先的车子没有电吸门配置，有消费者甚至在关车门的那一瞬间，总想着把车换掉，换一个能自己吸上的，否则每一次关门都不舒服。

由故事而想到的：_____

_____

_____

_____

_____

1.3.2　典型心理效应对商业活动的影响

1）首因效应

首因效应也叫"第一印象"效应。第一印象，是在短时间内以片面的资料或第一知觉为依据形成的印象。心理学研究发现，与一个人初次交往，45秒钟内就能产生第一印象。这一最先的印象对他人的社会知觉产生较强的影响，并且在对方的头脑中形成并占据着主导地位。近代心理学家艾宾浩斯就曾经指出："保持和复现，在很大程度上依赖于有关的心理活动第一次出现时注意和兴趣的强度。"并且这种先入为主的第一印象是人的普遍的主观性倾向，会直接影响他以后的行为。

案例赏析

"亏本"的生意

[经典回放]小陈的超市开业了，由于超市经营竞争激烈，又加之他不仅在定价上所有商品都略低于其他超市价位，而且还特别讲究商品质量，绝不允许以次充好。一段时间下来，不但没有营利，反而还赔了不少。经营伙伴们都急坏了，可小陈整天还是乐呵呵的。随着时间的推移，小陈的超市的生意却越来越好。

[画龙点睛]心理学研究发现，在人际交往中，第一印象对人的社会知觉产生较强的影响，并在人的脑中形成占主导地位的主观性向，直接影响到以后的一系列行为。

想一想、练一练

_____

_____

_____

_____

_____

2）共生关联效应

自然界有这样一种现象：当一株植物单独生长时，显得矮小、单调，而与众多同类植物一起生长时，则根深叶茂，生机盎然。人们把植物界中这种相互影响、相互促进的现象，称之为"共生关联效应"。这种自然效应推之人类社会中，有许多典型事例来证明它的意义和重要性，在商业活动中更是非常突出。例如，经营同类商品会形成一定范围和一定规模，如小商品一条街、美食一条街、服装一条街等。买面包肯定会买酸奶或者牛奶；买车以后进行贴膜、装潢；一个人选择高尔夫作为他的娱乐，那么相应的高档餐具、名车、名表应该是很合理的消费；等等。这就是些最简单的关联消费习惯，如果商家在这方面做很细致的文章，就会有意想不到的收获。

案例赏析

最成功的推销员

[经典回放]小李是一座中等城市里的汽车推销员，他从事这份工作时间很短，却在半年内一跃成为公司推销之王，半年内推销汽车约占公司销售总数的1/3。

而且,他只做了位于郊区的一个住宅小区。

[画龙点睛]原因就源于经济学上最简单的互补商品这个概念的核心要义,也是一个关联购买的典型例子。因为他的客户都是在上海郊区买房子的,在郊区买房子,省下点钱买个车子,实在是最简单不过的消费关联行为,于是他能做透小区,自然而然。

想一想、练一练

_____

_____

_____

3)门坎效应

小故事

慢慢消失的饼

一个小孩儿拿着一个自己特别喜欢的饼跑到伙伴前炫耀,一个大点儿的孩子说:"我会咬马娃儿",拿饼的小孩儿迟疑地把饼递给大孩子,大孩子猛咬一口后看看说:"不像。"又咬了一大口,说:"快了。"再咬一大口……等小孩儿明白过来时,饼已被大孩子吃完了。

如果那个大孩子直接要小孩儿的饼吃,小孩儿怎么也不会给的。

所谓门坎效应,是指一个人接受了较低层次的要求后,进行适当引导,往往会逐步接受更高层次的要求。该效应是美国社会心理学家弗里德曼与弗雷瑟于1966年所做的无压力屈从实验得出的,过程是这样的:实验者让助手到两个居民区劝人们在房前竖一块写有"小心驾驶"的大标语牌。在第一个居民区向人们直接提出这个要求,结果遭到很多居民的拒绝,接受的仅为被要求者的17%。在第二个居民区,先请求各居民在一份赞成安全行驶的请愿书上签字,这是很容易做到的小小要求,几乎所有的被要求者都照办了。几周后再向他们提出竖牌的要求,结果接受者竟占被要求者的55%。

心理学家认为,在一般情况下,人一旦接受了他人的一个微不足道的要求,为了避免认知上的不协调,或想给他人以前后一致的印象,就有可能接受更大的要求。因此,首先提出乐于接受的、较小较易的要求,在实现了较小的要求后,再提出较大的要求,就容易被人接受。这一效应现在也广泛地应用在商业活动中。

案例赏析

[经典回放]张女士人到中年,原来白皙光滑的脸上有了些细小的皱纹和雀斑,她常常到一些美容店里看看,可是,要保养改善皮肤投资太高,她只好满怀遗憾地离开。一天,她又一次来到美容店里,导购小姐赶快笑眯眯地向她推荐一款保湿去皱霜,并特别强调:如果效果好就过来。张女士用了几天,感觉效果不错,又到店里去,那位导购的小姐热情地推荐到:如果配上淡斑的霜效果会更好……结果,后来又是面膜、洗面奶、爽肤水、精油、眼霜等,一整套的美容品一样不少,而且美容项目的消费越来越全。从舍不得几千元投资到最后乐呵呵地投资上万元。

[画龙点睛]首先提出乐于接受的、较小较易的要求,在实现了较小的要求后,再提出较大的要求,就容易被人接受。

其实,在普通心理学的研究中,有许多心理效应是得到证实了的,而且对商业活动的意义也非常重大,关键在于学习运用和把握。例如,"心理名片效应""海潮效应""鲶鱼效应""蝴蝶效应""近因效应"等。

想一想、练一练

任选一典型心理效应进行分析:＿＿＿＿＿＿＿＿＿＿＿＿＿＿＿＿＿＿＿
＿＿＿＿＿＿＿＿＿＿＿＿＿＿＿＿＿＿＿＿＿＿＿＿＿＿＿＿＿＿＿＿＿＿＿＿
＿＿＿＿＿＿＿＿＿＿＿＿＿＿＿＿＿＿＿＿＿＿＿＿＿＿＿＿＿＿＿＿＿＿＿＿
＿＿＿＿＿＿＿＿＿＿＿＿＿＿＿＿＿＿＿＿＿＿＿＿＿＿＿＿＿＿＿＿＿＿＿＿

【做一做】

1.4　观察顾客,洞察心理(实训)

1)案例分析

一天,店里来了3位女孩,一个是学生模样打扮,一个打扮得新潮时尚,一个则是职业装束打扮。营业员热情地迎上去打招呼:"请问你们要买衣服? 裤子? 还是裙子呢?"3位女孩相互望望,笑而不答,她们在店里逛来逛去,而在裙装柜那儿停留时间最长,并且不断地选择裙子让那位学生装女孩在镜子前观看。营业员明白了,她们是想给学生装女孩买裙子呢。不过,她们所选裙子的风格差异很大,意见难得统一,眼看她们有放弃的倾向了。于是,营业员赶快走过去,挑出一款裙子请那位学生装女孩试穿,效果非常好。3位都称赞营业员的眼光,营业员又借此机会向另两位女孩推荐了两款裙子,最后3位女孩子一人买了一套裙子,高兴地走了。

评析:＿＿＿＿＿＿＿＿＿＿＿＿＿＿＿＿＿＿＿＿＿＿＿＿＿＿＿＿＿

＿＿＿＿＿＿＿＿＿＿＿＿＿＿＿＿＿＿＿＿＿＿＿＿＿＿＿＿＿＿＿＿＿＿

＿＿＿＿＿＿＿＿＿＿＿＿＿＿＿＿＿＿＿＿＿＿＿＿＿＿＿＿＿＿＿＿＿＿

2)实训

实训内容:15～18岁服装市场心理需求研究。

实训形式:(1)现场参观。

(2)调查访谈。

(3)以调查报告的形式说明15～18岁服装市场的心理需求研究。

实训目标:通过实训,使学生学习观察顾客表情、言行,洞察顾客需求心理的技巧,了解青少年对服装的需求心理趋势的消费特点。

【任务回顾】

通过对本部分的学习和讨论,使我们初步了解商业心理学的一些基础知识和内容,掌握了商业心理学的概念,了解了商业心理学的研究对象和商业心理学研究的主要内容,并对商业心理学的产生和发展的一些相关概述有所了解。通过实训体验,加深了对商业心理学研究意义的理解。

【名词速查】

心理学

心理学是一门以解释、预测和调控人的行为为目的的,通过研究分析人的行为,揭示人的心理活动规律的科学。

【任务检测】

一、单选题

1.商业活动中,(　　)是最关键的因素。

A.人的活动和行为　　　　　　　　B.经济利益

C.产品质量　　　　　　　　　　　D.企业管理

2.早期的有关商业心理学的思想与其他学科是(　　)的。

A.分离　　　B.交融　　　C.融合　　　D.互补

3.我们国家是(　　)开始关注商业活动中的人的心理活动现象及其规律的

国家。

  A.较早   B.很晚   C.现在   D.不久

  4.对市场销售活动中消费者的( )琢磨和探索是商业心理学的研究的内容。

  A.与客户之间的关系   B.商业基本利益

  C.各种心理现象及其发展规律的 D.效益

  5.商业心理是( )商业活动产生而产生的。

  A.随着   B.后于   C.借助   D.前于

二、多选题

  1.商业活动的从业人员应该学习的与岗位相关的心理内容主要有( )。

  A.商品消费者的心理   B.商品销售策略心理

  C.商品销售者心理   D.商品营运者心理

  2.关于商品销售者心理主要包括( )等。

  A.心理品质   B.人际交往心理

  C.社会沟通心理   D.个性心理特征

  3.商业活动的从业人员学习掌握的心理学知识是商业销售活动中的一切心理现象的( )。

  A.发生   B.发展   C.变化规律   D.相应行为

  4."反映、看到、听到、感到、想到、行动"是心理学中讲的( )。

  A.感觉   B.知觉   C.记忆   D.思维

  5.因为人们普通都有( )等心理,所以,商家会想出以五彩缤纷的广告来宣传自己的商品。

  A.求新   B.求美   C.求奇   D.求异

三、判断题

  1.商业活动是一种特殊的社会活动。   ( )

  2.影响商业活动成功的一个最重要因素是人的心理满足感和需求度。 ( )

  3.商业活动的成功与否主要取决于对顾客的心理把握。   ( )

  4.在商业活动中,销售人员的个性心理特征对交易行为没有影响。 ( )

  5.大规模的商业活动不需要考虑客户心理特征。   ( )

四、思考题

  1.如何理解客户心理是影响商业活动的重要因素?

  2.你知道一个商品销售人员应该具备哪些心理素质吗?

  3.你认为商业活动的从业人员应该学习和了解的与岗位有关的心理学知识主

要有哪些内容?

【任务检测参考答案】

一、单选题

1	2	3	4	5
A	A	A	C	A

二、多选题

1	2	3	4	5
ABC	ABCD	ABC	AB	ABCD

三、判断题

1	2	3	4	5
√	√	√	×	×

任务 2
打造商业活动人员
合格的心理素质

 任务目标

1. 正确认识商业活动从业人员合格的心理素质,了解在商品销售活动中,从业人员的自身社会角色的心理定位。

2. 学习和掌握商品销售中的心理技巧。学习商品销售中与顾客交流的一些心理策略。

3. 了解商业从业人员柜台接待的基本心理素质,包括柜台接待的心态训练和良好专业素质的训练。

 学时建议

知识性学习 4 课时。

案例学习讨论 2 课时。

【导学语】

商业从业人员的心理素质对商业活动是非常重要的。

商业从业人员对商业活动的影响大吗？

当然！

主要体现在哪些方面呢？

从安利营销的成功可以看出，营销人员的培养特别重要，因为安利特别注重培养营销人员，尤其是心理素质的培养！

案例赏析

"不公正"的待遇

[经典回放]小丽和晨子是营销专业的同学，毕业时又同时应聘到一家大型超市工作。读书期间，小丽非常出色，是学生干部，能说会道，而晨子较为内向，不爱多言，应聘时还向小丽咨询了好多专业问题。工作后她们各自管理一组柜台，一段时间后，晨子的业绩却远远超过了小丽。部门经理很奇怪，开始看好的员工为什么会有如此大的反差？于是，就把她们两人互换了柜台，可是一段时间后，晨子的业绩仍然高过小丽。仔细观察，发现晨子不但对顾客细心，而且特别注重商品销售前的各个细节。问她的经验，她说只是站在顾客的角度考虑，比如摆设商品时也是有窍门的：

1.引人注目的商品摆在左侧的货架上，因为人的眼睛看东西是从左侧开始，然后转向右侧。

2.相互关系密切的商品摆设的距离近些，如牙刷和牙膏；盒装饼干和咖啡、奶茶；洗面奶、面霜、爽肤水等。这样容易产生连带购物效应。

3.自己代理或利润较高的商品摆在最佳位置。一般将其摆放在右边,因为大多数顾客习惯用右手,总喜欢拿取或指点右边的东西。

4.……

说起工作来,晨子头头是道。

由于晨子的业绩突出,很快被提升为部门经理,而小丽则仍在原地未动,小丽觉得不平,工作热情也越来越差。

[画龙点睛]心理学是渗透在商业活动的各个环节,只有具有良好心理品质,又认真学习和揣摩人的心理活动规律的人才能更快地获得成功。

人是经营世界里最关键的因素——你的客户是人,你的供应商是人,你所有的一切外沿交际都是人……正是出于这种认识,不少经营者提出"把握人心,把握一切"。商业心理学就此应运而生,于是,研究商业心理学也就越来越引起商业从业人员的重视。目前,市场经济的快速发展使得"象牙塔"式的企业一夜之间变成"玻璃之屋",危机四起。企业经营者在找寻新的屏障,那就是市场,而市场又依靠产品和人才,而且人才才是最关键的因素。于是,从业人员的素质成了企业发展最重要的因素。

商业活动的从业人员,对其个人的素质,特别是个人的心理素质要求是非常高的。因为,在商品销售过程中,销售人员不但要与消费者进行沟通和交流,还要对自己有足够的信心,不断自我激励,不断行动,克服被拒绝的恐惧感,而且对所销售的商品特性要了然于心,知道自己所销售商品的优势、适用群体、缺陷、应该回避的群体等。比如,商标、品牌、包装、定价等如何才能满足消费者的心理要求等。还要能长期保持乐观、积极、进取的心理状态,矢志不移地追求销售的巅峰状态和目标;还得学习销售技巧,在掌握销售的基本程式的基础上,不断练习和演练,充分利用心理学语言和工具,开启自我的销售潜能,达成最好的销售状态。商品销售是一个讲求全时、全人、全心投入的事业,要求从业人员要能自我约束,养成良好心理品质,保持每时每刻学习如何与顾客打交道,如何向顾客进行讲解实演,如何处理好客户的异议等。

【学一学】

2.1　商品销售人员的角色心理定位

商业从业人员最先应该弄清楚自己的社会角色的心理定位。也就是商业活动中,商业从业人员应该以一种什么样的心态来从事工作,把握好自己的社会身份是什么?应该具备哪些心理品质、技能?最重要的是以什么样的心态与顾客交往和沟通呢？那就是顾客导向心理。以顾客为中心，充分考虑顾客的需求。如果商业从业人员不能准确洞悉顾客的需求，就无法取得顾客的认同并达成销售，即使商品销售人员有再高的推销技巧，顾客也不会轻易购买自己不需要的商品。发掘和满足顾客的需求，是一切商品销售活动的核心。因此，如果你准备从事商业活动和商品销售的工作。必须以顾客为中心，以此来发掘自身能力，学习研究满足顾客需求的技术技巧。把自己定位于服务、介绍、帮助的地位，只有这样，在商品推销中才能取信于顾客，实现自己的目标。

2.1.1 服务角色心理定位

服务角色心理定位就是一切以顾客为中心。常言道："顾客是上帝"，虽然我们在与顾客打交道时，不能盲目屈从顾客的一切要求，但是，我们必须在外在表现形式上把顾客当做"上帝"，更重要的是不能以损害顾客利益来实现我们的销售目标，要站在顾客的立场上考虑问题。如果商品销售人员真正能以这种心态来与顾客交往和沟通，再难缠的顾客也能被攻下。不过单凭这种心态还是远远不够的，更重要的是要深谙相关的心理技巧。商品营销人员只有把顾客的问题当做自己的问题去解决，将己心比顾客之心，使顾客感受到你的真心，才会取得顾客的信任，并促成第一次购买行为，甚至还可能第二次接受你的商品和服务，成为你的忠实顾客。人性化服务的关键，在于能设身处地为顾客着想。把服务送到顾客心中，有了宾至如归的感觉，这新顾客就成了"老"顾客。更重要的是，假若各行各业都为他人做好服务，那我们每个人都能感受到社会大家庭的温暖。

以顾客为中心，就是以顾客的需求为中心。如果营销人员不能准确洞悉顾客的需求，就无法取得顾客的认同并达成销售，即使营销人员有再高的推销技巧，顾客也不会轻易购买自己不需要的产品。发掘和满足顾客的需求，是一切营销的核心。

案例赏析

[经典回放]有一位物流企业的老总想买车，他自己执意喜欢奥迪，但是每次试乘试驾以后总觉得不舒服，头痛。销售顾问也百思不得其解，于是，销售顾问找行业"高人"指点，"高人"告诉他，你只要弄清这位老板原来是干什么的，就会有答案的。销售顾问赶紧去调查，然后知道，原来这位物流公司老总，以前是运输队的队长，自己还做过20多年的司机。根据这些情况分析，推测这位客户可能要的是柴油车！销售顾问选择了一款柴油车奥迪A6TDI，结果客户再一次试驾，不但没有头晕的感觉，还觉得特别舒服，最后高兴地买下了。

[画龙点睛]这叫心理学中的惯性依赖，其实也是一种潜意识。原因很简单，

从一个司机到一个运输队长,开了20多年的柴油卡车,这个顾客要是坐到车里不闻柴油味,头就会晕。用老板自己的话来说,"还是柴油的味道闻着舒服啊"。如果销售人员没有服务意识,忽略客户的背景知识,可能会犯致命的错误!

2.1.2　帮助角色心理定位

帮助角色定位就是要求我们能洞悉顾客的需求,把自己定位在帮助顾客这样的角色上,一切以顾客的需要出发。在实际工作中,真正做到让顾客心理认同,信任你,不是很容易的,因为你们的交易关系非常明确,但是,如果你能从心理上把自己定位在帮助角色上,沟通起来就会容易得多,而且也最易成功。比如,尽可能提供零缺陷的产品,推荐公平合理价格的商品,为顾客提供更多的选择空间,帮助顾客进行商品分析比较,真诚地提出自己的建议,等等。其实,帮助顾客就是在帮助你自己。

小故事

卖　鞋

我的朋友经营"意尔康"皮鞋店,虽然她的性格不是很外向活泼,但生意却做得有声有色。有一天去她店里,看到一位顾客同时看好两双不同款式的鞋子,并试穿3次以上还没下定决心要购买,导购员已经有不耐烦的神情了。这时,我的朋友走过去轻声问道:"请问您是买一双还是两双? 其实这两双都与您很配呢。"最后,那位顾客高兴地把两双都买走了。朋友笑着与我说:这是一种问话技巧,如果是问你到底是喜欢哪双,也许一双也卖不了,因为我观察她两双同等喜爱,要选其一总是会有遗憾的。

其实,销售的最深刻理念就是要你帮顾客拿主意,让他下决心购买。

人的需要是很复杂的,按照马斯洛的需求层次理论,顾客的需求分为两个层面,五个层次。一个层面是物质需求,包括生理的需求和安全的需求。生理的需求指维持人们体内的生理平衡的需要;安全的需求指对保护、秩序、稳定的需求。

另外一个层面是精神需求,包括社会需求、尊重的需求、自我实现的需求。社会需求是指人们对爱情、友谊、归属的需求;尊重的需求是指对威信、地位、自我尊重的需求;自我实现的需求是指如何发挥潜能、实现理想的需求。

作为商品活动的从业人员来说,我们所要考虑的主要是顾客精神层面的需求,在满足顾客精神层面的需求的基础上,真心实意地为顾客提供帮助,就能取得顾客的认同和信任。

2.1.3 介绍角色心理定位

在商品交易活动中,销售人员的角色应该是一个商品介绍人的角色,不要把自己等同于演说家、表演者。商品销售活动是一个特殊的社交活动,顾客在消费之初,实际上对商品已经有一个粗略的了解了,当他们面对商品徘徊时,他们最需要的是对商品更深层的了解,如优势、特点、适用消费群体、缺陷、回避消费群体等。如果销售人员不能针对顾客需要而夸夸其谈、泛泛讲解,只会让顾客望而却步。但是,由于每个人的性格、爱好、知识水平、经验、价值观各不相同,因此在具体购买时心理错综复杂。介绍商品时也要对不同顾客的心理动机进行分析后,有针对性地进行。商品营销人员可以根据不同顾客的消费心理特点,对症下药,分别以相适应的方式进行介绍,满足适合各类顾客实际情况的消费需求,才能更好地体现商品营销中的介绍角色。一般来说,可以总结出以下几种常见的顾客心理。

1)应对过于自信型顾客的心理技巧

这一类型顾客的主要特征是显示自己的知识,在商品购买过程中,他们一般会拒绝销售人员的建议,而是根据自己的判定作出选择,但内心深处也希望销售人员提供更多的方案帮助他们作出正确的选择。针对这类消费群体,应该让客户尽量发表意见,只是在时机成熟的时候提供一些选择方案,淡定地提出自己的看法及意见,不能表露出自己明确的观点,让顾客觉得受到了尊重,并产生是顾客自己拿主意的体验。

2)应对挑三拣四型顾客的心理技巧

这一类型顾客群体是比较难对付的消费群体,他们在实施购买之初,会不断地挑剔商品的毛病和不足,无论你的介绍多么诚恳,他们都会说你是在宣传商品而已,而且还会提出一些不合理的要求,来挑战你的耐心。在接待这类消费者时,应该特别有耐心,以微笑化解顾客的挑剔,冷静探询顾客内心不满意的原因所在,或是顾客内心真正的需求,再细细介绍,用事实来支持自己的论点,并且少谈题外话,以免节外生枝。

3)应对冲动任性型顾客的心理技巧

对于这一类型的顾客应该以"静"治"动"。这类顾客是属于以胆汁质和多血质为主要气质类型的人,这一类型的客户特征是脾气急躁,情绪兴奋性高,处事决定往往很冲动,决定下得很快,一般不给别人或自己多余的商量思考的时间。应对这类顾客,在介绍商品时,要一下就激起他们内心的购买欲望,找准他们的购买兴奋点。如果受到他们的轻视也别奇怪,他们可能不会给商品营销人员有说话的机会,安静地微笑是最佳对策。

4)应对口若悬河型顾客的心理技巧

有些时间很富余而又爱交际的顾客,在决定购买之初,可能就缘于愉快的交谈而促成交易,这一类型的顾客喜欢闲聊,常常会缠着有亲和力的商品销售人员聊天,并且远离商品购买主题,甚至会成为销售人员的困扰。为了不伤害顾客的热情,商品销售人员要热情应对,更要随时注意将谈话拉回商品购买主题,并从对方的谈话找出更多的理由来进行推销,态度要和善,但要把握热情的分寸,选择适当的时机完成推销,结束谈话。

5)应对沉默寡言型顾客的心理技巧

常言道:听其言、观其行,则探其思。但是,对于沉默寡言的顾客群体,我们要观其行、探其思,难度就更大些,这一类型的顾客只注意听别人说话,不表示任何意见,对商品销售人员的话不作出反应,不问、不讨论,好似无动于衷。那么,要知道他们的心理需求就很难,因此,我们在介绍商品之前,应尽量先引导顾客谈些自己的工作、专长、兴趣等,由此再推断他们对商品的购买兴趣兴奋点,再有针对性地进行介绍,这样才容易成功。

6)应对犹豫不决型顾客的心理技巧

遇事犹豫不决多是以"粘液质"和"抑郁质"气质类型为主的人。这一类型的顾客疑心病很重,不轻易相信人,有这种气质类型特质的顾客除了个性特征外,还有就是购买经验不够,对商品产品不太熟悉,所以实施购买时,总是犹豫不决,很不容易作出决定。当这类顾客出现时,你可以感受到他们的沉静、稳重,有时还略显羞涩。应对策略:以和善的态度给对方安全感,明确认真地介绍商品的各项特点,并列举例子进行佐证,就会取得顾客的信任。

7)应对神经过敏型顾客的心理技巧

这一类型顾客比较特殊,难以与他们建立信任关系,因为他们遇事总是喜欢往消极方面去想,任何一点接待不到位,都会引起他们的不良反应。无论你是出于什么目的的介绍,他们只认为你想把商品推销给他。对于这类顾客,真诚是良药,我们只需要多听少说,神态上要表示出重视对方的样子。不要随便开玩笑,以免说错话,而使对方误会。对于商品介绍也仅限于它的特点和顾客征询的方面,不要作过多的介绍,以免误认为你在宣传,尽量让顾客自己感受商品的优点,才能建立信任关系。

想一想、练一练

我们都有购物经历和体验，现在回忆一下。

①当你走进购物市场时，哪种销售人员的服务是你最喜欢的？

②商品销售人员的哪些行为或言语是你难以接受的？

2.2 商业活动从业人员的销售心理技巧

案例赏析

立普顿的金币

[经典回放]立普顿是风行世界的立顿红茶的开山祖师。立普顿原本是位农夫，当他有了一点积蓄后，便开设了一家小杂货店，贩卖各种食品，因为善于做各种心理宣传，小店逐渐建立起良好的声誉，立普顿很快就成了一个食品批发商。

有一年的圣诞节前，立普顿为了让自己代理的乳酪能够畅销，想出了奇特的销售方法：依照欧美传统——"如果谁在圣诞节前后吃的苹果中有一枚6便士的铜币，则表示他一年随时都吉利如意"，他在每50块乳酪中选择一块装进一枚金币，同时在空中散发传单，加强宣传并扩大声势，招徕顾客。

许多人获悉后，在立普顿的这种宣传攻势及金币的诱惑下，纷纷拥进立普顿乳酪的经销店。但是，立普顿的促销手段立即招徕了同行们的联合抵制，他们向有关方面控告立普顿的做法有赌博的嫌疑。

然而，聪明的立普顿在同行的抵制与警察的干涉下，又想出了新招，即在各经销店门前张贴了这样一则广告："亲爱的顾客，感谢大家享用立普顿乳酪，如果发现其中含有金币，请将金币送回，谢谢你的合作。"

结果不出立普顿所料，顾客不但不退还金币，反而更加踊跃地前往购买乳酪。不久，警方认为这纯粹是娱乐活动，便不再加以干涉。可是，立普顿的同行仍不罢休，他们又以安全理由要求当局取缔立普顿乳酪的促销活动。

警方迫于压力，不得不再次介入调查。于是，立普顿乳酪又在报纸上刊登广告："由于警方又有新的指令，故请各位消费者在食用立普顿乳酪时，注意里面的金币,不可匆忙食用,务请小心谨慎,以免误吞金币造成危险。"

立普顿的这则广告表面上看来是为了听从警方的指示、消除同行的抗议,但实际上却是一次更厉害的广告妙招。

[画龙点睛]真正的商品不是纯粹的产品,是有生命、有主题的,而商品的真正生命和主题又通常是"醉翁之意不在酒",超出了商品价值之外的东西就是销售创意和技巧。这才是经营成功的永恒法宝。

其实,作为商业活动的从业人员来看,所具备的商品销售技巧实际上就是与顾客沟通的心理技巧,也就是如何让顾客产生信任,如何挖掘顾客的真实需求,如何向顾客进行产品说明、示范,如何根据不同顾客的需要,激发顾客的购买欲望并达成销售的方法和策略。

真正的商品销售活动并不是靠投机,也不是一次性交易活动,所以,我们学习和探索的商品销售心理技巧也不是投机取巧、诱使顾客购买的"一锤子买卖",而是要真正地以顾客为中心,站在顾客的角度考虑,从顾客的利益出发,诱导顾客去发掘自己的需求,发现产品的功能、优势、特点以及能给自己带来的价值,以最有利于自己的方式去购买和取得产品,以正确的方法使用产品,满足自己的需求。只有以顾客为中心的销售技巧才会真正与顾客建立起长久关系,既能保证对顾客服务到位,使顾客的需求得到满足,又能完成商业活动的目标。

想一想、练一练

让大家分享你在购物中遭遇的欺骗或疑似欺骗行为后的感想:

_____

_____

_____

商品销售心理技巧在商品销售技巧中是高层次技巧。因为,外在形式的技巧很容易学习和模仿,而心理沟通技巧则需要不断的摸索、训练和反复地实践。我们在这里介绍的心理技巧主要是指顾客的购买心理激发、诱导技巧和商品售人员自身心理技巧训练的相关内容。

有一位营销学家说:如果只把商品卖给现在就需要的人,那只能算做是暂时交易,而如果能把商品卖给那些暂时不需要的人,才是在开拓市场,也才能显现销售人员的技巧。

小故事

对家电推销员的审讯

一个家电推销员因有犯罪嫌疑被带到了警察局里问讯。半小时后，三个警员从问讯室里走出来。

局长："问出点什么吗？"

警员："不行，我们什么都问不出，可是他已成功地向我们推销出了三台抽油烟机、两台冰箱和四个电吹风。"

2.2.1 应对顾客购买过程的不同阶段的心理技巧

通过仔细的观察，也可以通过反观我们自己购买商品的心理过程，我们知道：当顾客准备购买商品时，必然会经过不同的心理阶段，按一般情况，大致可分为认知期、接受期、反复期与认同期。正常情况下，只在顾客对商品产生心理认同，没有发生心理交流中断或抵触，就可以完成商品的销售活动，但是，不管是在哪个心理阶段，一旦心理交流中断或是抵触，就会中止商品购买活动，甚至产生消极心理印象，影响以后的商品购买活动。因此，在商品销售活动中，根据顾客的不同心理时期，从业人员的心理技巧和应对策略也应不同。

1）应对认知期的心理技巧

向顾客推介一种商品时，是顾客对商品的认知期，认知期的第一心理反应是拒绝。因为现在的市场环境是供大于求，到处充斥着各种推销的声音，当商品销售人员向顾客推介商品时，一个潜在的心理反应就是——想掏我钱包的人来了。可是，当顾客在比较宽松的环境中认知商品时，则很少产生这样的拒绝心理。所以，对处于对商品认知期的顾客，我们介绍商品时不要太急切，也不要太直接，我们要做的只是前期的准备，热情地对待顾客，热情是吸引客户的法宝。有人说"热情是85%的销售力"。还要让肢体语言软化和生动化，更重要的是商品的陈列，商品陈列时要讲究心理技巧。例如，注意商品颜色的搭配、调剂，避免顾客在挑选商品时的视觉疲劳，使顾客在商品陈列柜间穿行时，能长时间保持兴奋状态，等等。

总之，一切站在顾客的角度去考虑。有些商品推销人员认为一遇到顾客就是一个机会，于是就在顾客还没对商品有所反应前一样一样地向顾客传递产品的信息并劝其购买，总以为顾客听得越多，推销商品的机会就越多，而事实正好相反，那只会加重客户的拒绝心理。

2）应对接受期的心理技巧

当顾客完成商品的认知后，基本从表情上看得出顾客对商品的兴趣程度，如果觉察出顾客有购买趋向，就应该在此时尽量介绍产品的优势、特点，同时还要强调有可能给顾客带来的利益。特别要学会仔细观察，分析哪些产品优势是客户想要的，就重点强调，其他优势顺带一提就可以。因为只有你讲述的产品优势是顾客最想要的，他才会觉得这种商品更适合他。反之，什么都讲，过多地介绍一些客户不需要或不在意的功能和利益，就会让客户觉得这个商品并不十分适合自己，则会降低可信度。一样的商品，因为介绍的方式不同，给顾客的感觉截然不同，由此导致的就是交易结果的不同。你对顾客心理的揣测与把握程度及采取的应对策略不同，其结果也各不相同，这也是我们学习商业心理学的意义所在。

在这一阶段，如果顾客有了购买意愿后可能有价格方面的讨论，这里所蕴含的心理技巧也值得强调，并不是一味的让价就一定能赢得顾客，有时反而会降低顾客对商品的认可度。有时一味地降价反倒让顾客对商品失去了信心，在你不断让步的同时，商品在顾客心目中的价值也在悄悄地打折，人的购买心理是既希望商品非常有价值，又希望能便宜地购买到商品。因此，业务人员首先要对自己的产品充满信心，并且不轻易让步，要先让顾客感觉这个商品真是物有所值，而后你再作出一点让步，表示一种心理安慰。比如送个赠品等，尽量不去降低商品价格，保持商品本身的价值感，这样同时也保持了你让步的分量与价值，为后面的让步打下良性基础。

3）应对反复期的心理技巧

一般来说，当一个人在作出一个决定时，会产生反复心理，购买行为更是这样，顾客要决定购买某种商品前都会产生心理的反复，越是大额商品越是如此。因此，往往顾客的购买行为是否实施会在这一心理过程决定，特别是在与顾客沟通时，这个环节最容易僵持，商品销售人员要特别小心，很多成交的机会就在这个环节失去了。

当客户出现购买思想反复时，不要强攻，这样只会使僵持的局面更紧张，继而失去成交的机会。此时应该以退为进，曲线前行。通常情况下，因为顾客处于强势地位，这时我们正确的做法是退一步，比如先挑容易达成共识的问题与其来探讨，或是岔开话题，找些顾客可能感兴趣的话题来分散心理冲突；然后，再引回来，当然，转折要自然。当和顾客谈得比较投机以后，再回到商品销售上，一般来说，顾客的购买行为定会实施。因为中国人都喜欢讲情面，陌生的两个人如果很投机的谈话5分钟就在心理上把对方算作了"熟人"。

这个环节的原则是：因为这个环节涉及实质利益问题，此时的顾客心理处于交易的危险期，我们主要该做的是不要把这根绷紧的线拉断，曲线迂回，平稳过渡，具有战略性的让步也在此时抛出，在顾客购买心理的天平要失衡的时候加些让步筹码，保证商品购买活动的完成。

4）应对成交期的心理技巧

成交期也是顾客心理不安感产生的时期，当顾客决定购买某种商品时，就会因为将要失去选择的机会而产生不安感，此时通常会在头脑中本能的把要购买的商品同原来备选的商品进行比较，或是犹豫不决，不知是否值得购买等心理反应。其实，客户头脑中开始想这些问题的时候就是心理上已经接受了你的商品，只是产生一种任何人都会有的本能心理反应而已，因为客户只有在看好了一件商品后才会拿到心中的天平上称量，此时一个微小的思维波动就能改变客户的消费决定，也就是说，买还是不买，只是一个念头的问题。这个时候我们只要加强攻势，比如抛出一个哪怕很小的优惠，就可以顺利促成交易。我们终极的让步就留在此时让出，以达到临门一脚，尽快达成交易。

如果不能好好把握这个重要的时机，很有可能导致不能"漂亮的临门一脚"，最终购买中断。因为在顾客此阶段心理取舍博弈与抉择的过程中，购买的欲望在递减，很可能放弃购买，这样的情况在相对昂贵的理性商品消费中更加明显。此时要尽可能地调动客户的购买冲动与兴趣，而后速战速决，尽量展现你的商品优势和附加价值，才能当场达成交易。

这个环节的销售心理技巧不再是去和顾客户商谈是否购买的问题了，而是用向往、陶醉的神态向顾客描绘出购买了商品所带来的好处。比如，"这部空调最好是放在客厅的门旁，这样夏天客厅和卧室的温度都能在 26℃ 左右，再热的夏天也都能和春、秋季一样凉爽，因为这个空调最大的特点是采用智能传感技术，上下吹风不吹人，家人也不用担心感冒或患上空调病了"。这样的描述会给顾客一个心理暗示：即这个商品我已经买了或是"应该买"的微妙暗示。

想一想、练一练

当客户作出购买决定后，商品销售人员的表情或状态会影响最终购买的实施吗？为什么？

其实商品销售中的心理技巧根据顾客对象的不同及商品的不同，方式与特点也不尽相同，销售心理技巧是复杂多变的，要根据不同的情境有针对性地运用。在这里，我们只是从综合的角度介绍一些普遍性的通用心理技巧。更多的销售心理

技巧要结合自身与客观环境,在不断实践中摸索学习。

小链接

激发客户购买欲的心理技巧

1. 轻触客户。不经意地轻碰触顾客,可以吸引顾客的注意,使用手势作种种说明的指示,对顾客具有催眠效用。

2. 经常摆动头部。进行商品说明时,最重要的是头部上下摆动,亦即肯定姿态,让顾客也受你的影响,肯定你说的话。

3. 恶劣的天气是商品销售的好机会。人的心绪与气候有关,恶劣的天气人更容易被感染,更容易接受别人的言语暗示。

4. 做一个让顾客感到愉快的讲故事高手。你可以根据顾客的职业兴趣,讲些富有想象力的小故事,让彼此感受到愉快的气氛,这样一来就容易成交。

5. 避免夫妻吵架。当顾客是夫妻二人时,购买决定必须由双方取得一致方可,推销员处在夹缝中,首先必须说服一个人,再经过协调而达到成交的目的。

6. 让顾客自己下判断。

7. 切忌与顾客辩驳。

8. 让顾客自己认为自己握有主动权。

9. 一旦得罪顾客,必须立即道歉。

10. 先谈自己的事。你不妨先谈谈自己,在这种亲切而富有人情味的交谈中使顾客的心理防御松懈,使彼此更为融洽。

11. 找出共同的话题。你应该找出一些共同的话题,先聊一会,再进入主题,如此才会取得客户的信任。

12. 顾客如果是一对夫妻,商品说明的内容须适当把握,要对女性多下工夫。

13. 不要让顾客有说"让我考虑考虑吧"的机会,在关键时刻,你千万不能留有他发言的余地。必须一气呵成说完整句话,让他受到你的坚定态度的暗示。

14. 要艺术性地对商品进行介绍,让顾客对商品的介绍说明产生兴趣。

15. 大多数人喜欢他人赞美自己的事业或成就,在他们心中赞美是最悦耳的音乐,你不妨多加利用。

16. 说出顾客的喜好,这是缩短推销员与顾客距离的最简单和迅速的方法。

17. 赠以小礼物。许多推销员就是利用这种方法,运用礼品战术,创造了优良成绩。

18. 坦陈商品缺点,可赢得顾客的赞许和信任。

2.2.2　开发顾客群的心理技巧

要想在商品营销活动中做出成效,必须要有一个健康的顾客群体:即现有顾客群、潜在顾客群和未来顾客群。现有顾客群是销售业绩的基础,潜在顾客群是业绩的增长点,未来顾客群是销售持续增长的源泉。开发顾客群的心理技巧是一个商业活动从业人员重要的基本心理素质。

1)稳定现有顾客群的心理技巧

经过一段时间的商品销售活动服务和交往的人缘积累,总是有一些顾客会对我们的服务、售卖形式产生心理认同和依赖,也就形成了比较稳定的顾客群体。稳定这类顾客,不但能够保证我们业绩,而且群体心理的作用还会是重要的宣传力量。

稳定技巧:重点关注,使他们觉得能受到尊重和更好的服务,并且能享受到特别的优惠。比如,及时解决顾客的问题和投诉,与他们建立利益共同体,优先提供新产品尝试等。

2)开发潜在客户群的心理技巧

潜在客户是我们销售业绩的增长点,如果一个销售人员既能照顾到现有顾客,又能关注到潜在的顾客,那就离成功不远了。在与顾客交流中,即使顾客现在没有实施购买行为,只要我们向他发出的信息有效,就可能成为我们的稳定顾客。关键是对这种潜在顾客开发的心理技巧是我们要学习和摸索的。

案例赏析

节能电源

[经典回放]一个销售节能电源的商店销售人员经常看到一家小型超市的老板来店里买彩灯和霓虹灯之类的商品。于是这个商店销售人员在一个晚上去这家小型超市买东西,并见到了老板。于是,他先以聊天的形式赞赏店主采用大量光源吸引顾客的做法,从而拉近了心理距离。"老板,你们这条街道到了晚上因为路灯少,所以比较黑暗,各家门市的销售情况看起来都不是很好,唯独你的店,生意这么兴隆,我想都是这些霓虹灯起的作用吧?我也是被它们吸引,从几百米外就一眼就看到你们店面的呢。"老板也很高兴地与之谈了起来,并抱怨电费很高。这时,这位业务人员也跟着帮忙算账:"虽然您这儿顾客盈门,但是一年下来电费也不少吧?如果你的店一个月电费是500元,一年就是6 000元啊。我们店里有一种最新研发的节能电源,我是这个商品的销售代表,如果您用我们的节能电源,节电率是25%以上,一年至

少就能为你节省 1 500 元呢，而一个电源价格是 92 元，可以用 5 年以上，5 年下来至少可以为你省下七八千元的电费，使用 20 多天就可以收回电源的成本。哪天您再去我们店里，顺便看看?"超市老板只是笑笑，这位销售人员说完就告辞了。

过了几天，这位销售人员再次来到超市："您的超市生意这么好，也许很快就会扩展店面吧，如果使用我给您推荐的产品，省下的钱就更多了。有空了您去看看?"

当有一天，超市老板又来店里买东西，这位销售人员连忙迎上去打招呼，并再一次介绍说："您来看看吧，因为我们的产品质量非常好，使用寿命是普通电源的几倍，即使当做普通电源使用，也是很划算的，更何况一年可以为您节约几千元，可能您还担心效果吧？不愧是生意人。不过请放心，产品已经通过了权威认证，您有空的话我给您看一下相关的资料就全清楚了。"

于是，超市老板经过认真了解新产品的性能之后，最终实施购买行为。并且由该超市老板带动和介绍了一批该节能电源的购买顾客。

[画龙点睛]开始，节能电源的销售人员所关注的顾客应该是潜在顾客群，在开发之初，销售人员应该抱着这样的心态：即有 5% 以上的可能，就不放弃!

他通过赞美拉近与顾客的心理距离，用数字突出效果，弱化商品的价格，抬高商品价值，从开始遭遇沉默拒绝后，看似要放弃，实际上是一种减少客户的逆反心理销售心理技巧，为下次的再争取创造宽松的心理交流环境，一直到最后顾客的欣然接受。他成功地开发了潜在顾客。

从以上的案例可以看出，从初次的沟通，到反复地引导激发，既要尽可能地避免急功近利给对方造成心理反感和拒绝，又要找准交谈之初的切入点，而后如何展开心理诱引激发，如何谨慎对待客户心理的排斥期，争取获得更多的共同话题。为促使顾客进入下一个实施购买环节，要讲究交流方式，更要以情感人，因为任何销售心理技巧都比不过良好的人际关系。

在潜在顾客群的开发中，也要针对不同类型和特质的顾客对象，采用不用的心理技巧。

(1)购买意向明显类顾客群是首要开发的重点

有些顾客经常徘徊于商品之间，虽然从未实施购买行为，但通过观察，能看出是有明显购买意向的，应该属于购买意向度强的顾客群，所以要作为重点开发对象。找出主要影响购买的原因，尽量扫除影响购买的心理障碍，强化宣传和服务，了解他们心理需要点，使他们感知到商品的优越性和潜在的购买利益，以及晚一天购买都可能面临潜在的损失。

(2)购买趋向不明显类顾客是重点诱导的对象

有一些顾客的购买趋向不明显，需要激发和诱导。需要制订突破心理购买低谷欲望的策略和行动计划,还需要持续投入时间和精力,有针对性地加强服务,向他们提供最适合的商品的优势。开发此类顾客群,往往需要较长的时间,而且可能面临竞争者的强势对抗。因而,服务针对性、商品品质和优势的针对性宣传、未来预测的收益等都是非常关键的因素。

3)挖掘未来顾客群的心理技巧

未来的顾客群是事业发展的保证,虽然对于我们中专生来说,所需要的是现场与顾客交流的基本素质,但是也得有挖掘未来顾客群的基本思路和相关的认识。

①突破顾客的心理防线。现在的市场竞争激烈,顾客在市场的积极销售环境影响下,心理防线很强。如果要把这类顾客培养发展成现实顾客,最先需要的是用真情突破顾客的心理防线。了解他们的心理需要,站在他们的角度去看商品的优点,让他们觉得你是为他们着想。

②巧妙吸引顾客注意力。找机会看似无意地荐绍我们想推荐的商品,在共同的话题中渗透我们所要表述的商品信息。

③把复杂的信息简单化。由于现在市场宣传泛滥,人们的心理已对此拒绝或忽略。如果想让别人在最短的时间对你所表达的商品了解,就必须以最简化的信息传递最全面的内容。

④加深顾客对商品的印象。

⑤赢得顾客的充分信任。

⑥激发顾客的购买欲望。

2.3 商业从业人员柜台接待的基本心理素质

2.3.1 商品销售柜台接待人员的专业素质要求

一般来说,商业从业人员柜台接待的基本素质要求可以分为专业态度、专业技能、专业知识 3 个方面。

1)专业态度

商品柜台销售员应该具备"五心",即对顾客的爱心、对事业的进取心、对细节的精心、对胜利的信心、对公司企业的忠心。要为人正直、值得信赖。态度还包括团队合作精神、结果导向意识、质量意识、学习态度、自我激励等。

团队合作精神包括三点:对顾客,永远关注顾客的成功,愿意与顾客分享有价值的信息和经验,找出顾客群中的关键人物并与之结为战略联盟;对内部,争取团队所有成员的一致,形成合力;对合作伙伴,与供货商和第三方合作伙伴一起为顾客提供无缝的方案和服务,达到双赢。

结果导向意识就是用高标准严格要求自己,有紧迫感、危机意识,努力工作,实现有挑战性的结果,不达目的,绝不放松。能把握重点,不为次要的事情分心。

质量意识就是明确定义对产品、服务、流程的质量期望值,及时响应顾客的问询,跟踪到底,达到顾客期望,根据顾客的反馈改进工作流程和服务。

2)专业技能

商业从业人员的专业技能主要包括四点:认知能力、人际关系、沟通技巧、计划与自我管理。

认知能力主要体现为了解顾客需求的能力。商品销售员要了解顾客的购买需要及相关服务需求,能够根据顾客的言谈举止来对顾客进行需求分类,并能根据不同的顾客群运用不同的策略。

人际关系又分外部关系与内部关系。对外要建立、培养与顾客长久稳定的关系,做顾客的朋友,帮顾客分析和创造价值,和顾客一起分享时尚,成为客户信任的顾问。对内要有团体协作精神,关心他人的利益,了解对方的立场和观点,与不同背景和层次的人和睦相处。

沟通技巧是指有效传达信息的能力。能用让人易于理解的方式讲解技术和功能,用心聆听,善用肢体语言。根据用户的不同心理类型而调整说话的方式和内容,力争使自己的第一句话就能打动人心。

计划与自我管理。会制订清楚完善的客户计划和业务计划,能规划自己的工作流程,能有计划地让自己成长。

3)专业知识

商业从业人员不但要了解本公司的商品、服务和本行业的特定行业的应用,还应该了解一些商业活动的流程、规律、市场及竞争。跟踪并预测市场供求趋势和最新商品信息,了解商品市场里的竞争情况以及所销售商品的优势和劣势,清楚本商品的所有同类商品信息及服务差异等。

专业态度、专业技巧、专业知识三者的关系如图所示。

从重要性来看,态度是成功的支点,在三者之中是最重要的,所谓"态度决定一切",自有它的道理。有了积极的态度,就会主动学习知识、

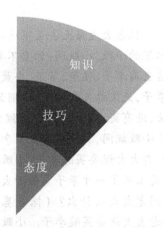

知识、技巧、态度关系图

提高技能,就像图中的扇形,如果增加"态度"的夹角,"技巧"和"知识"会成倍放大,可以说是"四两拨千斤"。

2.3.2 商品柜台接待销售人员的心理素质要求

世界级商品营销大师陈安之在《超级行销》中曾说:"态度决定一切,技巧和能力决定胜负。"不同的心态,就决定了不同的人生成就和结局。也就是说,人的心理素质影响人的成功。

商业活动最重要的一环是商品营销,而商品营销是一项既需历经磨炼,又颇费心智,同时又极富挑战性的工作,它除了要求营销人员"说千言万语,吃千辛万苦"外,更要求营销人员必须具备较强的心理素质。虽然说有了良好的心理素质并不见得会"赢",但肯定地说:会"赢"的营销人员一定具备良好的心理素质,而且,商品柜台接待销售人员的良好心理素质主要表现在良好的心态上。

1)学习探索的心态

现在的商品市场千变万化,商业企业的发展也日新月异,作为商品销售人员来说,工作是商业企业中最重要的环节。所以,优秀的营销人员,特别是柜台接待人员更要有学习的心态,了解新的商品知识,了解本企业的发展状态,了解新时期人们观念的变化趋势和时尚变化趋势,只有这种由内而外的积蓄的力量,才有助于我们销售活动的顺利进行,同时,也能让自己成为本公司和企业的重要参谋。

小故事

老太太买水果

一位老太太每天去菜市场买菜和水果。一天早晨,她来到菜市场,遇到第一个卖水果的小贩,小贩问:你要不要买一些水果?老太太说你有什么水果?小贩说,我这里有李子、桃子、苹果、香蕉,你要买哪种呢?老太太说我买李子。小贩赶忙介绍李子,说又红又甜又大,特别好吃。老太太仔细一看,果然如此。但老太太却摇摇头,没有买,走了。老太太继续在菜市场转。遇到第二个小贩。老太太说买李子。小贩就问,我这里有很多李子,有大的,有小的,有酸的,有甜的,你要什么样的呢?老太太说要买酸李子,小贩说李子特别酸,你尝尝?老太太一咬,果然很酸,于是,马上买了一斤李子。但老太太没有回家,继续在市场转。遇到第三个小贩,同样,问老太太买什么?(探寻基本需求)老太太说买李子。小贩接着问买什么李子,老太太说要买酸李子。小贩很好奇,又接着问,别人都买又甜又大的李子,你为什么要买酸李子?(通过纵深提问挖掘需求)老太太说,我儿媳妇怀孕了,想吃酸的。小贩马上说，老太太，你对儿媳妇真好！儿媳妇想吃酸的，就说明她想给你生个孙子，所以你要天天给她买酸李子吃，说不定真给你生个大胖小子！老太太听了很高兴。小贩又问，那你知道不知道孕妇最需要什么样的营养？（激发出客户需求）老太太说不知道。小贩说，其实孕妇最需要维生素，因为她需要供给这个胎儿维生素，所以光吃酸的还不够，还要多补充维生素。他接着问，那你知不知道什么水果含维生素最丰富？（引导客户解决问题）老太太还是不知道。小贩说，水果之中，猕猴桃含维生素最丰富，所以你要是经常给儿媳妇买猕猴桃才行！这样的话，就确保你儿媳妇生出一个漂亮健康的宝宝。老太太一听很高兴啊，马上又买了一斤猕猴桃。当老太太要离开的时候，小贩说我天天在这里摆摊，每天进的水果都是最新鲜的，下次来就到我这里来买，还能给你优惠。从此以后，这个老太太每天在他这里买水果。

在这个故事中，不探寻顾客的需求，是不能促成购买的。而促成式提问，是引导消费的第一步；更重要的是探寻出客户的基本需求后，还要进一步纵深挖掘客户需求。当明确了客户的需求后，向顾客推荐对口的商品，很自然地成功。首先探寻出客户深层次需求，再激发客户解决需求的欲望，然后推荐合适的商品满足客户需求，最后与客户建立客情关系。

2）乐观自信的心态

商品销售柜台接待岗位面对的诱惑很多，但遭遇的拒绝和冷眼也很多。因此，从事这个工作，自信是非常重要的，无论你在与顾客交流中遇到什么样的打击和挫折，你都能以平静的心态面对，才能达到最终的商品销售的目标。

小故事

自信的"青蛙"

有一个小男孩，有一次在田埂间看到一只瞪眼的青蛙，就调皮地向青蛙的眼睑撒了一泡尿，却发现青蛙的眼睑非但没有闭起来，而且还一直张眼瞪着。长大后，他成了一个推销员，当每每遇到客户的拒绝时，他便想到那只被尿浇也不闭眼的青蛙。用"青蛙法则"来对待客户，客户的拒绝犹如尿撒在青蛙的眼睑，要逆来顺受，张眼面对客户倾听，不必惊慌失措，这位推销员就是后来荣获日本日产汽车16年销售冠军的奥城良治。

面对同一事件，不同的心态就会得出不同的结论。在营销界有这么一个故事广为流传：一家做鞋子的公司想把业务扩展到非洲去，于是派出两个人去考察，结果,在考察了市场后,一个人回来向公司报告说,当地人一年四季光着脚没穿过鞋子,因此,鞋子在当地肯定没有市场。可另一个人却抱着另外一种想法,他回来向公司汇报,当地人一年四季光着脚没穿过鞋子,那里应该是我们潜力巨大的市场。于是,公司决定,让认为有潜力的那个人负责非洲的业务,后来发展成为该公司最庞大和最重要的销售市场。可见,同一件事情,不同的眼光,不同的心态,其结果大相径庭。

小故事

都是客户

有这样一个故事,一个推销新手工作了一段时间后,因找不到顾客,自认为干不下去了,所以向经理提出辞呈。经理问:"你为什么要辞职呢?"他坦白地回答:"我找不到顾客,业绩很差,只好辞职。"经理拉着他到面对大街的窗口,指着大街问他:"你看到了什么?"推销员回答:"人啊。""除此之外呢,你再看一看。""还是人啊。"经理说:"在人群中,你难道没有看出很多的准客户吗?"推销员恍然大悟,马上收回了辞呈。

商品柜台接待销售人员的心态应该是乐观的,要把商品销售活动做成有生命、有主题的活动,不但要把商品销售给那些现在需要的顾客,也要学习把商品销售给那些暂时还没有需要的人。以乐观的心态把每一位来店里的顾客都看成是你的顾客。

这个例子给我们一个什么样的启示呢?顾客来自潜在顾客,而潜在顾客满街都是,问题是如何挖掘出来。

3)奉献付出的心态

有人曾用《青玉案》里的词句来形容营销事业的3个阶段。第一,迷茫阶段:"昨夜西风凋碧树,独上高楼,望尽天涯路"。第二,酝酿阶段:"衣带渐宽终不悔,为伊消得人憔悴"。第三,豁然阶段:"众里寻她千百度,蓦然回首,那人却在灯火阑珊处"。这道出了成功营销人员所必须经历的艰辛历程。

商品柜台接待销售人员的工作正是这样,很辛苦,很难被人认同,有时所做的工作看似是白白付出,这正是这一岗位的特殊性。如果有这种甘于付出的心态,成功,就会在不远处等着你。

成功前的"推销之神"原一平,曾经穿破了10 000只鞋子,行程相当于绕地球89圈,他说:"我的座右铭是比别人的工作时间多出2~3倍,工作时间若短,即使推销能力强也会输给工作时间长的人,所以,我相信若比别人多花2~3倍的时间,一定能够获胜。我要靠自己的双脚和时间来赚钱,也就是当别人在玩乐时,我要多利用时间来工作,别人若一天工作 8 小时,我就工作 14 小时。"

乔·吉拉德是世界上最伟大的推销员,他连续 12 年保持全世界推销汽车的最高记录数,平均每天销售 6 辆,被载入吉尼斯世界记录大全。他在《我用我的方式成功》一文中说,只要他遇到一个人都会恭恭敬敬地递上自己的名片,耐心地推销自己的汽车,把他所接触到的每一个人都看做是自己的准客户,把生活业务化,把业务生活化,随时随处发现自己的潜在客户。

这些成功的例子就是告诉我们:商品柜台接待销售人员就需要这种付出的心态,铁的意志,不达目的绝不罢休的信念,才有机会走向成功。

4)爱岗敬业的心态

商品柜台接待销售人员的工作看似简单平凡,其实是商业活动中一项重要的系统工程。如果真正要做好这个岗位上的工作,大到销售策略技巧,小到柜台摆放清洁,无一不是关乎柜台接待的工作绩效。而要想把平凡的工作做成自己的事业,成就自己,就必须有超越别人的意识,爱岗敬业的心态是基本的心理要求。拿破仑曾说过一句话:"我之所以成功,是因为我志在成功!"

小故事

签名签出来的董事长(阿基勃特-洛克菲勒)

在美国标准石油公司,有一位名叫阿基勃特的小职员。每次远行住旅馆时,他总会在自己签名的下方写上"每桶 4 美元的标准石油",而且在书信及收据上也不例外,签了名后,总不忘写上那几个字。他因此被同事叫做"每桶 4 美元",而他的真名倒没有人叫了。公司董事长洛克菲勒知道此事后,大为感叹:"没想到竟有如此敬业的员工,我要见见他。"洛克菲勒卸任后,阿基勃特便成为了该公司的第二任董事长。

作为一名企业员工,只有具备敬业精神,才能在工作中更好地体现自己的人生价值,才能获得丰厚的薪水、更高的职位和更完美的人生。而对一个企业来说,员工的敬业精神将决定这家企业的竞争力,在企业里,员工敬业精神越强,工作效率就越高,企业的发展也就越迅速。

只有把工作当做你的事业,才能在工作中更好地体现自己的人生价值,收获更完美的人生。

【做一做】

2.4　柜台接待的技巧训练（实训）

1）案例分析

有个人到朋友店里去玩,在与朋友的小孩的交谈中,悟到了经商之道。原案例是这样的:一天到朋友店里玩,她是在商场里做服装的,由于是周末,她4岁的小女儿没有上学,也在店里玩。我一去,她就很热情地跟我打招呼,于是在那里跟她聊天,她说:"姐姐,你好漂亮,你的衣服也好好看,我好喜欢你哦……"呵呵,我相信听完她讲话,任何人都会很开心很喜欢她,我问她你是不是在学校很有人缘啊,那么会讲话!她笑笑说小朋友都喜欢跟她玩。我想可能妈妈会做生意,小女孩儿跟妈妈一起久了,听得多了,就学得特别会讲话,但是后面发生的两次谈话,让我从这个女孩子说话中学到了很多东西。

顾客来店里看衣服,小女孩的妈妈说:"欢迎光临,随便看　下,看看有没有喜欢的。"可这个小女孩子却对我说:"我妈妈说得不够好。"我问:"那要怎样讲更好呢?"她说:"要说,欢迎光临女人天地×××店,请随便看一看,有喜欢的这边试一下,穿上去才好看哦,试了就知道……"听了她讲话,仔细一想:这样的讲法,真的更能吸引顾客呢!谁都愿意试试,而一试则实施购买的几率就要高一些了。

然后我又问她:"紫涵,你的裙子那么漂亮,谁给你买的啊?"她说:"姐姐,这个是阿姨给我买的,丝绸的公主裙,这个亮晶晶的东西是白色的小水晶,很亮的,一闪一闪的,跳舞的时候很好看的,呵……"（介绍得仔细又自信,而且突出了特色）说完马上给我们展示了她在学校学的舞蹈来了,一下子引来很多人围观。到店里看衣服、试衣服的人一下子拥进了很多。

一个活泼可爱的小女孩几件小事引起了我的思考,其实虽然只是简单的一些语言但是却给人一些经商之道:

首先要学会赞美别人,因为这是人与人之间拉近距离很好的一种方式。

其次学会引导使人好奇,当顾客对我们的商品还不是很了解的时候,你要告诉她怎么样才能更好,就像小朋友讲的,这个穿起来才知道很漂亮。

再就是学会自我销售,会让人产生兴趣给予更多的关注。

评析:_____

_____

_____

2)实训

实训内容:与顾客沟通交流的心理技巧。

实训形式:(1)组织学生现场实习。

(2)以案例的形式记载在实习过程中与顾客沟通交流的情况和效果,总结出规律性的内容。

实训目标:通过实训,使学生学习与顾客沟通交流的技巧。

【任务回顾】

通过学习,使学生正确认识商业活动从业人员合格的心理素质,了解在商品销售活动中,从业人员的自身社会角色的心理定位。学习和掌握商品销售中的心理技巧。学习商品销售中与顾客交流的一些心理策略。了解商业从业人员柜台接待的基本心理素质,包括柜台接待的心态训练和良好专业素质的训练。

【任务检测】

一、多选题

1.商品销售人员的角色心理定位应该是( )。

A.帮助者 B.介绍者

C.商品知识拥有者 D.服务者

2.在谈到开发顾客群的心理技巧时所涉及的顾客群应该有( )。

A.稳定顾客群 B.潜在顾客群

C.现有顾客群 D.未来顾客群

3.商品销售柜台接待人员的专业素质要求( )。

A.专业知识 B.专业技能 C.专业态度 D.专业精神

4.商品柜台接待销售人员的心理素质要求( )。

A.学习探索心态 B.自信乐观心态

C.奉献付出心态 D.诚实耐心心态

5.当顾客准备购买商品时,必然会经过不同的心理阶段,按一般情况,大致可分为( )。

A.认知期 B.接受期 C.反复期 D.认同期

二、判断题

1.商品销售人员的角色心理定位就是一切以顾客为中心。 ( )

2. 发掘和满足顾客的需求,是一切营销的核心。　　　　　　　　　　　（　　）

3. 帮助角色定位就是要求我们能洞悉顾客的需求,把自己定位在帮助顾客这样的角色上,一切以顾客的需要出发。　　　　　　　　　　　　　　　（　　）

4. 商品柜台接待人员最主要的是学习商品销售技巧,其他一切如清洁卫生等都是小事,可以忽略。　　　　　　　　　　　　　　　　　　　　　　（　　）

5. 只要向顾客介绍清楚商品性能就行了,不需要与顾客进行情感交流。（　　）

6. 对顾客进行帮助只是口头上的表示,不用抱着这样的心态。　　　（　　）

7. 我们应该认识到,到店里来逛的,只有极少的人会成为购买顾客,其余的都是来消遣的,不用太理会。　　　　　　　　　　　　　　　　　　　（　　）

8. 在对自己所售卖商品了解的基础上,要充满自信,会让销售业绩更好。

　　　　　　　　　　　　　　　　　　　　　　　　　　　　　　　（　　）

9. 营业员在摆放商品、陈列橱窗、介绍商品时的技巧也会影响顾客的购买欲望。

　　　　　　　　　　　　　　　　　　　　　　　　　　　　　　　（　　）

10. 消费者对商品一皱眉、一微笑,都充分表现了他对商品的态度。　（　　）

三、思考题

1. 为什么商业从业人员最先应该弄清楚自己的社会角色的心理定位?

2. 商业活动从业人员最应该学习和了解的销售心理技巧有哪些?

3. 为什么说商品柜台销售接待人员应该有奉献付出的心态?

4. 为什么说商品柜台销售接待人员应该有爱岗敬业的心态?

5. 你是怎么理解商品销售人员帮助角色定位的?

【任务检测参考答案】

一、多选题

1	2	3	4	5
ABD	ABD	ABC	ABC	ABCD

二、判断题

1	2	3	4	5
√	√	√	×	×
6	7	8	9	10
×	×	√	√	√

任务 3
走近顾客基本心理过程

 任务目标

1.了解顾客购买行为中心理活动的一般规律。

2.了解商业活动中的认知过程、情感过程和意志过程。

3.掌握一些简单的心理学概念。

4.探讨顾客购买心理的产生发展、变化的一般特点和规律。

5.通过对顾客心理特点的分析，预见顾客的购买行为和消费倾向，学习推销的方法和技巧。

 学时建议

知识性学习6课时。

案例学习讨论4课时。

现场观察学习2课时(业余自主学习)。

【导学语】

商业销售活动与人的心理过程有关吗?

商业销售活动与人的心理过程有关吗?

是啊!

当一种新商品上市就会做推销宣传,是因为此吧?

对,人的心理过程就是这样啊,只有历经了认识、情感等心理过程,才会有行动!

案例赏析

九阳榨汁机的促销障碍

[经典回放]九阳榨汁机在某地区的促销障碍是九阳豆浆机,这可能是他们的促销人员怎么也没想到的。原来,在该地区,九阳豆浆机已被顾客所接受,而且顾客满意度还很高,人们已习惯用这种豆浆机了,突然又来向他们推销榨汁机,他们就会拒绝,这叫惯性依赖,其实也是一种心理潜意识。可是,在商业活动中影响却很大。

后来,九阳榨汁机的代理们,在超市门口免费请顾客品尝由九阳榨汁机榨出的各种水果汁、蔬菜汁、豆汁等,做了很长时间,并伴随着讲解宣传,九阳榨汁机才打开了在这一地区的销路。

[画龙点睛]认识是一切行动的开始,商业活动也是一样。

人们认识客观事物的一般过程,往往是先有一个表面感觉知觉的印象,然后再运用自己已有的知识和经验,有联系地综合加以理解。如果第一感觉所获得的是错误的信息,后面要更正过来就得经过反复地强化和验证了。同理,人们在商品购买活动中也是一样。

　　顾客进入购物场所后,其活动首先是从认识商品这一过程开始的。人们对所有客观事物的认识都是从感觉、知觉开始的,它是顾客购买行为形成的前提,也是消费者心理过程的基础。客观世界中各种事物或现象,通过人的眼、耳、鼻、舌、身5种感觉器官反映到人的头脑中来,形成感觉、知觉,使我们获得对事物或现象的感性认识。消费者的其他高级心理过程,如思维、想象、情感等,也是以感觉、直觉为基础的。顾客消费心理的认知过程就是顾客运用自己的感觉、直觉、思维、记忆、想象等生理与心理活动对商品的品质、属性及各方面的联系综合反映的过程。

【学一学】

3.1 商业活动中顾客对商品的认知心理

　　人的认识过程是人脑通过感觉、知觉、记忆、思维、想象等形式来反映客观事物的特征、联系或关系的心理过程,是由感性到理性、由浅入深、由低级向高级的发展过程。感觉和知觉是认识过程的基础。

3.1.1 顾客的感觉、知觉心理

1)人的感觉心理

（1）感觉的概述

　　感觉通常是指人脑对直接作用于感觉器官(眼、耳、鼻、舌和皮肤)的外界事物的个别属性的反映,是最常见的心理现象。

　　顾客对商品的认识过程缘于感觉,商品正是通过顾客的外部感觉器官,刺激了视觉、听觉、嗅觉、味觉、触觉,形成对这种特定商品的个别属性的反映,引起顾客的感觉后,才会产生购买心理愿望,最终实现购买活动的。比如,顾客要购买苹果,首先呈现给顾客的是用眼睛看到的中意的颜色、用鼻子闻到的喜欢的香味等。这些属性中的任何一种属性直接作用于顾客的感觉器官就会在大脑中反映出来。于是,才会产生心理连锁反应,最后实施购买。

　　（2）感觉的分类

　　人的感觉是多种多样的,根据感觉刺激是来自有机体外部还是内部,可以把感觉划分为外部感受和人体内部感觉两大类。

　　①外部感受感觉。按引起感觉的刺激物与感受器有无直接接触,又可以将外部感觉分为距离感受作用和接触感受作用。距离感受作用是指感受器与刺激物不

发生直接接触而产生的感觉,如视觉、听觉、嗅觉;接触感受作用是指感受器官与刺激物必须发生直接接触才能产生的感觉,如味觉、肤觉。

据有关研究表明,在外部感受感觉中,视觉是人们获取信息的最主要通道,85%的信息通过视觉取得,10%左右的信息通过听觉取得,其余5%则通过其他通道取得。正是由于这种原因,商业广告大多是以刺激人的视觉为主要宣传策略。

②人体内部感觉。人体内部感觉是指由人们内部各个器官运动的刺激所引发的感觉,如肌肉运动感觉、平衡感觉、内脏感觉等,它反映身体的运动、内脏器官等的不同状态。

（3）感觉的一般规律

①适宜刺激。所谓适宜刺激是指对特定感觉器官的特定性质的刺激。每种感觉器官只能反映特定性质的刺激。比如,在做商品宣传时,首先应该考虑的是选择以哪种感觉刺激为主,如果是食物,则应突出嗅觉和味觉,如果是首饰服装,则应突出刺激视觉等。

②感受性。对刺激强度以及其变化的感觉能力叫感受性。它说明引起感觉不仅需要适宜刺激,还要有一定度的要求。太强或太弱的刺激都不能引起作用,这正是商品推介时要注意的,比如,顾客逛商店时,太热情的接待或太冷淡的接待都达不到引起消费的欲望。

在生活中并不是任何强度的刺激都能引起人们的感觉,如人们感觉不到落在皮肤上的尘埃,听不见屋内另一端传来的手表滴答声。如果要产生感觉,则刺激物必须达到一定的量。那种刚刚能引起感觉的最小刺激量,叫绝对感觉阈限;这种能察觉出最小刺激强度的能力叫绝对感受性。可见,绝对感觉阈限越小,即能引起感觉所需的刺激越弱,那么绝对感受性就越大。因此,绝对感受性和绝对感觉阈限在数量上成反比关系。

正是由于这样,才有营销家说:商品推介最成功的在于有意无意之间。

③适应性。适应性是指刺激物持续不断地作用于人的感觉器官,从而产生顺应的变化,使感觉预先升高或降低。适应既可提高也可降低感受性。例如,白天人们刚走进电影院什么也看不清,过几分钟就能看清了,这称为暗适应,是感受性的提高。又如,一个身上喷着香水的人很快就觉察不到自身的香水气味,所谓"入芝兰之室,久而不闻其香;入鲍鱼之肆,久而不闻其臭",就是感受性降低。

顾客面对新的商品最初有新鲜感,但时间长了,接触多了,对这种商品也就习以为常了,就不会再感到它有什么吸引力了。在市场营销活动中,厂商和营销人员要经常运用感觉的特性,利用各种手段增大商品对顾客的刺激,引起顾客对商品的注意,从而达到促进商品销售的目的。

④感觉的相互作用。各种感觉的感受性在一定条件下会出现此长彼消的现象，在微弱的声响环境中，能提高人们辨别颜色的感受性；反之，如果声响过大，对颜色的分辨感受性会降低。人的听觉在黑暗中会得到加强，在光亮中会减弱。人们常见一些盲人耳朵灵，有的盲人还成为著名的音乐家，这是盲人总处于"黑暗世界"，听觉的确比正常人要强。这些说明，对人的某一器官的刺激加强了，另外器官的感受性就会相应的减弱，反过来，对某一器官的刺激减弱，另外器官的感受性就会加强。

小故事

盲人的"面部视觉"

一直以来，人们都惊讶于盲人的一种感觉能力，即他们在走路时能觉察出障碍物的存在而不去碰到它。一个盲人走近墙壁时，能在撞到墙壁之前就停下来，这时我们常听到盲人说，他感觉到面前有一堵墙。他还可能告诉你，这种感觉是建立在一种触觉的基础上的，即他的脸受到了某种震动的作用。为此，人们把盲人的这种对障碍物的感觉称为"面部视觉"，问题是盲人真的靠"面部"来避开障碍物的吗？对于这一疑问，美国康奈尔大学的心理研究者达伦巴西希给出了答案，他在文章中讲述了他和同事们经过一系列的实验后，对盲人的"面部视觉"的研究结果。实验过程是这样的：实验人员用毛呢面罩和帽子盖住盲人被试的头部，露出盲人被试的耳朵，往前走的盲人仍能在碰到墙壁前停住，然后，研究人员除去盲人的面罩和帽子，而只把盲人的耳朵用毛呢包起来，在这种实验条件下，盲人被一个一个地撞上了墙壁。于是，实验人员得出一个结论，盲人的"面部视觉"的说法是错误的，他们是靠听觉来感知和避开障碍物的。

评析：盲人的视觉缺陷时期听觉特别灵敏，盲人是靠听觉线索避开障碍物的，也就是说，人的感觉能力可以相互转化替代。

⑤联觉。

案例赏析

利用颜色的经营之道

[经典回放]一个商人同时经营一家快餐店和一个茶馆，最开始装修时，他把快餐店的墙壁刷成淡蓝色，把茶馆的墙壁刷成淡红色。开业后，茶馆和快餐店的生意都很不好，商人很苦恼。后来，一个朋友告诉他，应该把茶馆和快餐店的墙壁颜色互换。原来，快餐店的蓝色墙壁给人以凉爽宁静的感觉，顾客浅斟慢酌、流连忘

返，影响了餐桌的周转率。而茶座来的客人也感觉不到想要的宁静。后来，店主将快餐店的墙壁刷成橘红色，顾客进店感到燥热不安，吃完饭立刻离去，从此，餐桌周转率明显提高。而茶馆的蓝色墙壁给了客人想要的宁静，客人也大大增多。

[画龙点睛]人的眼睛看到淡蓝色，皮肤就产生凉爽的感觉，见到橘黄色就产生温暖的感觉，看到红色就会兴奋，这是心理现象中的联觉的作用。人的心理现象是非常奇妙的，只要能巧妙利用，就能产生意想不到的好效果。

⑥感觉的对比性。所谓对比性是指不同的刺激物作用于同一感受器官而使感受性发生变化的现象。不同的刺激物同时作用于同一感受器官产生的对比现象叫作同时对比，如白色在明亮的地方颜色就稍暗些，而在黑暗的地方颜色就显得亮一些；不同刺激物先后作用于同一感受器官时产生即时对比现象，如从安静的地方走进闹市区就会觉得不适应。

当我们了解人的感觉对比规律后，就知道在商品摆放时，对比摆放也是促销的策略之一。

想一想、练一练

我们都有进糕点店买糕点的经历和体验，现在回忆一下。

①当你走进糕点店时，是否闻到糕点的香味？这些香味对促成你的购买行为实现主要有哪些方面？

_____

_____

②当你刚刚吃完哈密瓜，紧接着去吃西瓜，就会觉得西瓜不甜，这是为什么呢？

_____

_____

顾客通过感觉器官可以接受大量的商品消息，经大脑产生对商品个别的、表面的、特性的反映，形成初步印象的基础上，才能进行综合分析，决定是否购买。任何促销手段，只有较好的诉诸消费者的感觉才有可能达到预期目的。

(4)感觉理论在市场营销中的应用

①第一印象的感觉作用。感觉是一切复杂心理活动的基础。顾客只有在感觉的基础上，才能获得对商品的全面认识。顾客对商品的所有认识都缘于感觉，感觉使顾客对商品有初步印象，而第一印象的好坏，往往决定着顾客是否购买某种商品。同时，企业的各种营销手段，也只是给顾客以良好的第一印象时，才能发挥作用，从而引发购买欲望。

在视觉方面,商店的内外环境要力求整洁,商品陈列要美观大方、重点突出、色彩鲜明,并利用适宜的灯光衬托出商品,使顾客赏心悦目。

在味觉方面,主要是体现在出售食品的过程中。对于可以品尝的,应该开设试尝服务,让顾客直接感触食品的味道;对于不能品尝的,则可以将食品放在透明的玻璃柜内展出,并附介绍食品的详细说明书,还可以把视频排成彩色照片或印成图片,使顾客简洁的感知食品的品质。

在嗅觉方面,主要是体现在化妆品的出售过程中。应设法突出不同化妆品的特殊香味,并附说明书,以利于顾客进行选择。

在触觉方面,主要是体现在布料、衣服的出售过程中。顾客喜欢用手触摸商品,以鉴别商品的品质。因此,对于顾客的习惯,营销人员应给予尊重,并给予方便的条件,以加深其对商品的良好印象。

②感觉阈限与商品营销。心理学中的感觉阈限知识,在商品营销中是非常重要的,也是我们应该认真了解和学习的内容。所有的商家和销售人员都渴望通过特定的营销策略和技巧来使顾客对自己的商品感到满意。如在商品包装中,既要充分考虑顾客的差别感觉阈限,努力让自己的商品的包装凸显个性色彩,使自己的商品在众多的同类商品竞争中脱颖而出,从而战胜对手。利用人的感觉阈限规律,无论是品牌名称、商标、商品包装、商品陈列等方面特别讲究,比如,名牌商标生产者竭力寻求与其对手的区别;而有些投机的商家又企图混淆视听,鱼目混珠。作为商品销售者,最有效的方法之一就是引导顾客仔细去辨认。

对于营销人员来说:由于职业特性,对感觉品质有一定的要求。一般说来,优秀的营业员的感觉器官的灵敏度有一定的界限,即最佳感觉界限是一定高度的上限阈限和中等程度的下限阈限。如果营业员的感觉器官过于灵敏,则容易伤感或激动,于营销服务工作不利。这就是我们前面讨论过的营业员的心理承受力。

2)人的知觉心理

知觉是人脑对直接作用于感觉器官的客观事物的整体属性的反映。感觉和知觉都是当前实物在人脑中的反映,但感觉是对对象和现象个别属性(如颜色、气味、形状)的反映,而知觉则是关于对象和现象的整体形象的反映。事物总是由许多个别属性所组成的,没有反映事物个别属性的感觉,就不会有反映事物整体的知觉。因此,感觉是知觉的基础,知觉是在感觉的基础上产生的。对一个事物的感觉越丰富、越精确,对该事物的知觉也就越完整、越正确。在实际生活中,人都是以知觉的形式直接反映事物,感觉知识作为知觉的组成成分存在于知觉之中。

(1)知觉的分类

根据知觉反映的事物特性,可分为空间知觉、时间知觉和运动知觉。根据反映活动中某个分析器所起的优势作用,可将知觉分为视知觉、听知觉、触知觉等。除此以外,还有错觉,错觉是指人们对客观事物的不正确的感觉或知觉。在一定条件下,人的各种感知会产生各种错觉现象,如大小错觉、图形错觉、空间错觉、时间错觉、方位错觉等,其中最为常见的是视觉方面的错觉。

小故事

“难”住孔子的问题

大教育家孔子周游列国时,有次往东方的一个地方去,半路上看见有两个10岁左右的小孩在路边为一个问题争论不休,于是就让马车停下来,到跟前去问他们:“小朋友,你们在争辩什么呢?”其中一个小孩先说道:“我认为太阳刚出来的时候离我们近一些,中午时离我们远些。”另一个小孩的看法正好相反,他说:“我认为太阳刚升起来时远些,中午时才近些。”先说的那个小孩反驳说:“太阳刚出来时大得像车盖,到了中午,就只有盘子那么大了。这不是远的东西看起来小,而近的东西看起来大的道理吗?”另一个小孩自然也有很好的理由,他说:“太阳刚升起来时凉飕飕的,到了中午,却像是火球一样使人热烘烘的。这不正是远的物体感到凉,而近的物体使人觉得热的道理吗?”两个小孩不约而同地请博学多识的孔子来做“裁判”,判定谁是谁非。可这个看似简单的问题却把能言善辩的孔老先生也难住了,最后只好不了了之。

评析:同一个太阳却被我们知觉为不一样大小,这种完全不符合客观事物本身特征的失真或扭曲的知觉反应,就叫作错觉。看来,仅凭感觉判断事物是不行的,人们往往会被自己的感觉所欺骗。

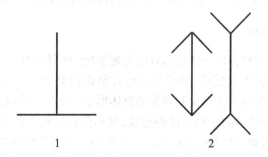

1   2

缪勒莱耶错觉

想一想、练一练

如上图所示,试比较点段1、2的长短。

①产生这样现象的原因是什么?

②你能否举例说明在生活中会产生错觉的情况？

(2)知觉的基本特征

知觉具有多种特性，与消费者心理活动的各个方面紧密连接。可见我们分析知觉的特征对于研究市场营销策略具有重要意义。从心理学的角度分析：人的知觉具有整体性、选择性、理解性、恒常性。

①知觉的整体性。知觉的整体性指人们在认识事物的过程中，知觉对象往往是由多个部分综合组成的，各组成部分分别具有各自的特点。但人们不会把对象感知为许多个别的、孤立的部分，而总是把对象知觉为一个完整的整体。

②知觉的理解性。人们在感知客观对象和现象时，能够根据以往获得的知识和经验去解释他们，即知觉的理解性。这一特征是通过人在知觉过程中的思维活动实现的，如图所示，这张图由于人们的知觉有理解性，大脑或将其解释为黑色背景上的白色花瓶，或解释为白色背景上的两个侧面人像。这种理解随时存在，但又不能同时获得。

人面和花瓶

③知觉的选择性。人们在感知客观事物时，常常在许多对象中优先把某些对象区分出来进行反映，或者在一个对象的许多特征中，优先把某些特性区分出来予以反映，这就是知觉的选择性。

④知觉的恒常性。当实物的基本属性和结构关系不变，只有外部条件发生一些变化时，知觉的印象仍能保持相对不变，这就是知觉的恒常性。例如，一个苹果

放了一段时间腐烂了，但人们仍能把它认作苹果。知觉的恒常性能使人们正确的反映客观事物，并不会因某些条件的变化而改变对原有事物的反映。

（3）知觉对消费者行为的影响

知觉对消费者行为的影响主要有以下几点。

①知觉能引导顾客选择自己所需要的商品。

②知觉能带动顾客作出购买商品的理性决策。

③知觉能使顾客形成对商品的特殊喜爱。

3.1.2　顾客的注意与记忆心理

案例赏析

特别的"统一"
——不一样的广告

[经典回放]20世纪90年代初，在方便面的广告大战中，"康师傅"方便面以"好吃看得见"一语深入人心。"统一"牌方便面知难而进，以古喻今，广告画面上出现古代戎装勇士，威风凛凛地喊出"统一面"，给人以热烈的情绪感染，取得了初步成绩。这种宣传持续了一段时间以后，统一企业又推出与前一广告格调不同的画面：一男一女拉家常一样，娓娓道出各自喜欢"统一面"的理由，不知不觉中缩短了与消费者之间的距离。

[画龙点睛]引起了注意就成功了一半。

1）消费者的注意

心理活动指向并集中于特定对象的状态就是注意。与认识过程的其他心理技能不同，注意不是一个独立的心理活动，而是感觉、知觉、注意、联想等各方面心理机能活动的一种共有状态或特征。这一特征主要体现在指向性和集中性两个方面。

注意的指向性表现为心理活动不是同时朝向一切对象，而是有选择、有方向的指向特定的客体；集中性则是指心理活动能在特定的选择和方向上保持并深入下去，同时对一切不相干的因素予以排除。指向性和集中性相互联系，密不可分。

在复杂的消费活动中，顾客的精力是有限的，不可能同时注意很多产品，只会有选择的集中在部分产品上。这就是我们要研究如何引起顾客注意的原因。

（1）注意的功能

作为心理活动的共同特性之一，在消费者购买商品的过程中具有一系列重要功能：

①选择功能。即选择有意义的、符合自己需要的消费对象加以注意，排除或避开无意义的、不符合自己需要的外部影响或刺激。面对浩如烟海的商品世界，消费者不可能同时对所有的对象作出反应，只能把心理活动指向和集中于少数商品或信息，将他们置于注意的中心，而使其他商品或信息处于注意的边缘或注意的范围之外。只有这样，消费者才能清晰地感知商品，深刻地记忆有关的信息，集中精力进行分析、思考和判断，在此基础上作出正确的购买决策。反之，没有注意，消费者的心理活动就会陷入茫然无绪的状态。

②维持功能。把对选择对象的心理反应保持在一定方向上，并维持到心理活动的终结。由于注意的作用，消费者在对消费对象作出选择后，能够把这种选择贯穿于认知商品、制订决策乃至付诸实施的全过程中，而不至于中途改换方向和目标，由此使消费者心理与行为的一致性与连贯性得到保证。

③调整功能。调整功能指注意能使消费者的心理活动处于一种积极状态，能使他们及时调整和修正由外界干扰产生的错误和偏差，保证感知的形象清晰和完整，从而更好地进行思维和意志活动，提高消费活动的效率。

案例赏析

自己的决定

[经典回放]3年前，有位大学刚毕业的消费者看上了一套40平方米的商品房，执意要购买，但他的父母拼命反对，认为他一个月工资才1 000多元，月供就要500元，购房会使他的生活捉襟见肘。但他十分坚持，购买了那套住房。3年后，那套住房价格整整翻了一番。

[画龙点睛]正是注意的调整功能使这位消费者排除了外界的干扰，作出了正确的消费选择。

④加强功能。即排除干扰，不断促进和提高消费者心理活动的强度与效率，在没注意的情况下，消费者可以自动排除无关因素的干扰，克服心里倦怠，对错误和偏差及时进行调节和矫正，从而使心理活动更加准确和高效率地进行。例如，在注意感知时，消费者对商品的感受性会大大增强，产生错觉的可能性则有所降低。

（2）注意的分类

根据产生保持有无目的和意志努力程度，注意可分为无意注意和有意注意。例如，消费者到商店想购买甲商品，浏览中无意看到乙商品，觉得不错，引起了对乙商品的注意，就属于无意注意。而消费者在嘈杂的商店里精心挑选自己想要的商品,就属于有意注意。从两者的关系来看,两者既相互联系,又相互转换。

无意注意是消费者没有明确目的和目标,不需要做意志努力的注意。例如,某商场正在做促销活动,高音喇叭声乐齐鸣,路过的顾客就会不约而同的将目光转向此商场,以了解正在发生什么事情。这种注意就是无意注意。

有意注意是人们自觉、有目的的,需要作出一定意志努力的注意。它受到人的意识的自觉调整与支配。例如,一位年轻的母亲,想给自已的孩子买一个生日礼物,她就会特别注意儿童用品专柜的商品。

(3)注意在市场营销中的功能

正确地运用和发挥注意的心理功能,可以引发消费者的消费需求,引起消费者的注意。在策划一些公关手段或广告创意时,利用注意原理吸引人们的注意,是一个最基本的原则。

案例赏析

"摔"了的茅台

[经典回放]我国茅台酒在1915年巴拿马世界博览会上获金奖,注意在这里立了大功。博览会开始,各国评酒专家对其貌不扬的中国茅台酒不屑一顾,眼看博览会一天天临近结束,一天博览会展厅客商较多,中国酒商急中生智,故意将一瓶茅台酒摔在地上,顿时香气四溢,举座皆惊,从此茅台酒名声大振,走向了世界。

[画龙点睛]这是一个成功地进行注意规律,成功进行商品宣传的例子。

销售工作者可以通过推出新颖商品、广告宣传、别处心裁的经营方式等引起顾客的无意注意,并使其转为有意注意,从而扩大销售。

2)消费者的记忆

(1)记忆的概念

记忆是过去经验在人脑中的反映。具体地说,记忆是人脑对感知过的事物、思考过的问题或理论、体验过的情绪或做过的动作的反映。记忆是人脑的重要机能之一,也是消费者认识过程中极其重要的心理要素。在消费实践中,消费者感知过的广告、使用过的商品、光顾过的商店、体验过的情感以及操作过的动作等,在经过之后,并非消失得无影无踪,而是在大脑皮层留下兴奋过程的印迹。

(2)记忆过程

记忆是一个复杂的心理过程,它从心理活动上将过去与现在联系起来,并再现过去经历过的事物,使人的心理成为一个连续发展的整体。记忆的心理过程包括识记、保持、回忆和认知4个过程。

①识记。识记是人为了获得对客观事物的深刻印象而反复进行感知,从而使客观事物的印迹在头脑中保留下来的心理活动,它是记忆的前提。在购买活动中,消费者就是运用视觉、听觉和触觉等去认识商品,并在头脑中建立商品之间的联系,留下商品的印迹,常常表现为消费者反复看商品,多方面了解商品信息,以加强对商品的印象。例如,某位消费者购买电脑时,一般会多次光顾多家电脑公司,然后,根据记忆进行比较和选择,这就是有意识记忆的现象和行为。

②保持。保持是指在识记的基础上,将已经识记的知识和经验,在头脑中积累、储存和巩固的阶段,使事迹材料比较长时间地保持在脑海中。例如,通过识记把商品的式样、颜色、规格、质地,以及相互间的联系储存在大脑中。

③再认。再认是指感知过的事物重现在眼前能识别出来的过程。即当过去感知过的事物重新出现时,能够感到听过、见过或经历过。例如,消费者在市场上看到一些商品,能认出是曾使用过或在电视广告中见过,似曾相识甚至很熟悉。

④回忆。回忆是指过去感知过的事物在一定条件的诱发下重新反映出来的过程。例如,消费者在购买某种商品时,为了进行比较,往往在脑海中呈现出别处见过或自己使用过的同种商品式样、性能等,并与眼前的商品进行比较,这就是回忆过程。

以上记忆心理过程中的识记、保持、再认、回忆四个环节紧密联系又相互制约。识记和保持是前提,没有识记就谈不上对经验的保持,没有识记和保持就不可能对经历过的事物进行再认和回忆。

(3)记忆的分类

根据记忆的内容或映像的性质,可分为4种类型。

①形象记忆。以感知过的事物形象为内容的记忆。这些形象可以是视觉形象,也可以是听觉、嗅觉、味觉等形象。例如,旅游者去北京故宫游览过,日后能够想起故宫的形象,就是建立再感知形象记忆。

②逻辑记忆。通过词语表现出来的对事物的意义、性质、关系等方面的内容的记忆。消费者对商品广告的记忆多属于这种记忆。例如,"爱妻号"洗衣机,它运用丈夫关爱妻子的心理,给产品命名,使人们很快记住了。

③情绪记忆。以体验过的某种情感为内容,运用情感打动消费者心理的记忆。例如,某女士到商店去买东西,虽然没有买到想买的东西,但营业员热情周到的服务使她感到非常满意。于是下次买东西时,她还愿意光顾那个商店。

④运动记忆。指以过去的动作和运动为内容的记忆。例如,一个人多年前学

会的游泳、骑自行车等动作,间隔一段时间后仍会,这就是运动记忆。

根据信息储存的时间可以分为 3 种类型:

①瞬时记忆。当刺激作用后,感觉并不立即消失,在很短时间内仍保持对象的印象,成为瞬时记忆,又称为感觉记忆。刺激对象在人脑中出现的时间为 0.25～1 秒钟。例如,我们看电影时,当每秒有 24 幅画面连续刺激而组成的电影就不会给人间断的感觉,就是瞬时记忆的结果。

②短时记忆。一次经验后能保持的时间一般在 0.5～18 秒钟,不超过 1 分钟,称为短时记忆。这种记忆一般以知觉的选择形式出现。记忆痕迹有随时间推移而自动消退的特征,如果不复述,大约 1 分钟内储存的信息就会衰退或受到干扰而消失。

③长时记忆。是指持续 1 分钟以上直至多年甚至终身的记忆。长时记忆是对短时记忆加工、复述的结果。具体到商品市场销售方面,由于商品品种繁多、琳琅满目,消费者对绝大多数商品的注意,都只能形成瞬时记忆或短时记忆,很少能形成长时记忆。

案例赏析

[经典回放]"南方黑芝麻糊"的广告情景:一位身穿几十年前旧式服装的儿童,站在自己家门口玩耍,忽然听到小巷深处传来一声吆喝,"黑芝麻糊呦——"儿童赶快找妈妈要了一点零钱,拿起一只碗,飞快地朝吆喝声传来的方向跑去,买回一碗又香又浓的黑芝麻糊,美美地喝起来,连碗底都舔干净了。接着,电视镜头一转,几十年以后这个儿童已经成为一个中年人,每次看到南方黑芝麻糊的时候,都会回想起自己儿童时期最美的享受,对南方黑芝麻糊产生了一种深厚的感情,仍然经常买给自己和家人食用。这则广告曾经被评为最佳广告,使南方黑芝麻糊一举成名,在很短的时间内打开市场,成为名牌产品。

[画龙点睛]这则广告就是巧妙的运用了心理学中的情绪记忆原理,通过激发消费者的怀旧情绪而达到增强消费者对商品的记忆和好感。

想一想、练一练

让大家分享:

在日常商品消费习惯中,你有过哪些由于记忆而促成的交易活动?

_____

_____

_____

(4)记忆对消费者的行为的影响

记忆在消费者的心理活动中起着极其重要的作用,在消费者购买活动中,它具有深化和加速认识的作用,在一定程度上决定着消费者的购买行为。消费者通过反复地接触商品和广告宣传,自己会利用记忆材料,对商品进行评价,全面、准确地认识商品,并作出正确的购买决策。对商品销售者来说,特别注意选择商品的造型、色彩、商标、命名、陈列、宣传等方面采取强化记忆的手段,是十分必要的。因为,新颖的造型,鲜艳的色彩,简明易记的品牌、商标,形象生动的商品广告,都会给消费者留下较为深刻的印象,起到深入认识过程的良好作用。

小故事

艾宾浩斯遗忘曲线

德国有一位著名的心理学家名叫艾宾浩斯(Hermann Ebbinghaus, 1850—1909),让实验者记忆100个陌生单词,进行测试,得出了时间间隔与记忆量的关系如表3.1所示。然后,艾宾浩斯又根据这些数据描绘出了一条曲线,这就是非常有名的揭示记忆规律的曲线——艾宾浩斯记忆曲线。这条曲线告诉人们学习中的记忆是有规律的,遗忘的进程很快,并且先快后慢。观察曲线,你会发现,学得的知识在一天后,如不抓紧复习,就只剩原来的25%,随着时间的推移,遗忘的速度减慢,遗忘的数量也就减少。

表 3.1　时间与记忆量的关系

时间间隔	记忆量/%
刚刚记忆完毕	100
20 分钟之后	58.2
1 小时之后	44.2
8 ~ 9 个小时后	35.8
1 天后	33.7
2 天后	27.8
6 天后	25.4
1 个月后	21.1

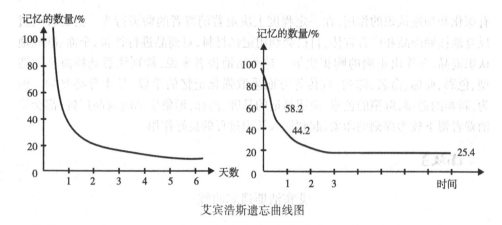

艾宾浩斯遗忘曲线图

3.1.3 顾客的思维和想象心理

1）思维及其在销售活动中的作用

（1）思维的概述

思维是通过分析、概括,对客观事物的本质进行间接反映的过程,是认识过程的最高阶段。具体地说,思维是人在实际生活过程中,在感知觉经验的基础上,头脑对事物进行分析与综合、抽象与概括后形成概念,并运用概念进行判断和推理,来认识事物一般的和本质的特征及规律性联系的心理过程。

如对商场而言,无论其装修豪华与否,它都必须为顾客提供优质服务,优质的服务是所有商店生存与发展的根本。顾客通过对各家商场进行分析比较后,会认识到凡是服务质量优质的商场,其管理经营水平也一定较高,所经营的商品可信度也大,从而对商场产生信任感,提高了到该商场的购物兴趣,乐于前往购物。

（2）思维具有概括、间接性的基本特性

人在实际生活过程中,不但能直接感知事物的形象,而且能间接地反映事物的共同特性、本质属性和事物之间的规律性。思维的间接性是指思维不同于感知觉,它不是对事物的直接反映,而是以过去的知识经验为中介的对事物的间接反映。例如,顾客看到商店里众多顾客都相对集中地购买某种商品时,他们会根据物美价廉的商品备受顾客欢迎的经验,来推断出这种商品一定是质好价低。这是从物美价廉的商品与受顾客欢迎的必然联系上的间接反映,这种间接反映就会诱发顾客的购物兴趣。

思维的概括性是指思维能从大量个别的现象中概括出整体的东西,从众多非本质的特征中概括出本质的特性,从许多外部联系中概括出内部的规律性联系。

简而言之,思维概括的是事物的内部特征与规律性联系。例如,众多的顾客购买某种商品与物美价廉的商品备受顾客欢迎的关系,就是顾客概括了对物美价廉商品备受欢迎的全部观察结果而认识的。又如,售货员接待顾客时观察顾客的言谈举止,从而有了对顾客外表、面部表情变化与顾客心理要求联系的认识。

(3)思维在销售活动中的作用

顾客在选购商品时,常常是借助有关商品信息,对商品进行比较、判断,通过思维来决定是否购买。例如,顾客通过对冰箱的个别属性及整体形象的感知,运用思维形式进行分析(把不同厂家、不同牌号冰箱的特点和性能在思想上区别开)、综合(将各种特点、性能结合起来,认定某一牌号冰箱的特点)、比较(把各牌号冰箱的同异部分、特点、性能区分开)、抽象(抽出共同属性,如冰箱的节电、方便、实用、耐用;舍弃非本质的东西,如其颜色等)、判断(评定冰箱的内在、外在质量)、推理(预想冰箱的使用效果以及获得的心理满足),从而确定理想的某种牌号的冰箱为目标商品。所以,售货员在推销商品时,尤其是大件贵重商品,必须要让顾客充分了解该商品,要多种类展示、全面介绍,使顾客在充分了解(感性认识)以后,进行认真的考虑,以确定购买哪种商品(理性认识)。

2)想象及其在销售活动中的作用

(1)想象的概述

人在实践过程中,积极反映客观事物,将感性材料贮存在大脑中,加工成感性形象,即表象。以后在一定条件下,人脑还能将这些记忆表象重新组合,形成各种新的事物的形象。这种在头脑中对已有表象进行加工、改造、重新组合形成新形象的心理活动就是想象。

想象以表象为基本材料,但不是表象的简单再现。在想象过程中,表象得到积极地再加工、再组合,然后加入到新联系之中,成为新形象的一个有机组成部分。想象有助于打破原有思维联系方式的局限,使人从新的角度去看待事物,从而起到开拓思路、激发创造性思维的作用;同时,也有助于人们利用眼前有限的信息线索,重新组织已贮存的表象,产生相应的形象,以便理解事物,解决问题。想象往往受一定需求驱使,能使人采取行动,对人调节情绪和产生意志行为都有极大的影响。

(2)想象的分类

想象分为无意想象和有意想象两大类。没有预定目的,不自觉的想象叫无意想象,如梦中和头脑中自然浮现的一些情景;有预定目的,自觉的想象叫有意想象。其中,根据语言描述、图样示意在头脑中形成的形象叫再造现象;不依据别人的描述,而根据自己的愿望,独立地在头脑中形成新形象的过程称创造想象。顾客在购买商品时,经售货员的介绍和推荐,想象自己使用这种商品以后的情景,就是再造想象。商店经营者设计橱窗、柜台布置的心理活动就是创造想象。

（3）想象在销售活动中的作用

顾客在购物活动中常伴随想象而决定购买与否。女顾客在购衣料时,常把衣料搭在身上照镜子,边欣赏边想象,有的顾客买家具时往往伴随着对家庭居室美化效果的想象作出购买与否的决定。给儿童购礼品的顾客通常以儿童是否喜爱,家长是否满意的想象决定购买。总之,顾客常以购买对象是否与想象中的商品相吻合而决定是否购买,顾客的想象越丰富,对商品的认识也越深刻,发现商品的优点就越多,购物的积极性就越大,当顾客的想象力较差时,其成交率高低在很大程度上取决于售货员为顾客想象时提供的条件。根据不同类型顾客的想象水平级特点,运用鲜明生动的语言加以介绍和说明,启发顾客进行鲜明、生动的再造想象,以及在广告宣传、橱窗设计、模型组合、直观的商品陈列上发挥商品销售工作者的创造想象,都是促进顾客购物行为的重要手段。

3.2 商业活动中顾客对商品的情感心理

案例赏析

被叫停的麦当劳广告

[经典回放]2005 年 6 月,麦当劳(中国)餐饮食品有限公司推出 30 秒的 5 元商品打折的广告。广告情景:在一个音像店门口,一位顾客希望老板能够给予优惠的价格,但老板表示,优惠期已经过去不予优惠,这位顾客竟然不顾一切地双腿跪地抱着老板的裤管乞求,画外音则响起"幸好麦当劳了解我错失良机的心痛,给我 365 天的优惠……"的声音。这是麦当劳系列打折广告中的《讨债篇》。此广告一经播出,不但让麦当劳销量骤减,而且还遭到了西安、陕西、郑州、上海等广告播出地消费者的强烈地反对和抗议,于是,经销商赶紧停播广告。

[画龙点睛]让顾客感到温暖才是经营成功的永恒法宝。

在日常的购买活动中,我们的消费行为不仅反映了我们的认识过程,而且随时伴随着情感过程。所谓"人非草木,孰能无情",人是情感的动物。人在任何时候都带有情感的色彩,它对人的行为有着积极或者消极的作用。比如,顾客可能会因为受到贵宾级的礼遇而感到愉快,可能会因为遇到态度恶劣的营业员而感到失望甚至愤怒。消费者的情感过程包括情绪和情感两个方面。

想一想、练一练

让大家分享：说说你遇到的广告宣传中让人情感不能接受的例子。

3.2.1　情感、情绪概述

由于情绪与情感的复杂性，以及各个心理学家的研究角度、重点和方法不同，迄今为止，心理学关于情绪和情感的界定还没有一致的结论。比较流行的看法是：情绪是人对客观事物的态度的体验，具有独特的主题体验形式（如喜、怒、悲、惧等感受）、外部表现形式和极为复杂的神经生理基础。情感则着重于情绪过程的感受方面，也就是指情绪过程的主观体验，对正在进行着的认识过程起评价和监督作用。

顾客的情绪和情感尽管表现不同，千差万别，但在购物活动中，综合各种情绪和情感的表现程度和状况，可以分为积极的情绪和情感、消极的情绪和情感以及双重的情绪和情感三大类。

（1）积极的情绪和情感

愉快、喜爱等情绪和情感，能够增强顾客的购买欲望，造成融洽的买卖气氛，促进购买行动。例如，顾客在选购商品的过程中，由于心情比较好，因而可能愿意听取营业员关于某种商品的质量、用途及产地的介绍，对该商品的评价，并迅速作出购买决策。

（2）消极的情绪和情感

厌恶、愤怒等情绪和情感，会抑制顾客的购买欲望，阻碍购买行动。

小故事

"苛刻"的顾客

一位女士到超市去买0.5千克奶油豆，她要求营业员只铲两次，不然，她就不买。谁想到，那位接待她的营业员十分不解，也很不耐烦，就说："太难为人了！非要两铲0.5千克，咱没那技术。"于是，那位顾客生气地走掉了。因为顾客的情绪受到抑制，买卖当然不会成交。原来，那位顾客有神经性呕吐症，听到铲子铲豆子的声音十分难受，多铲几下，她就会产生恶心生理反应，心理上也会厌恶，就不想再吃了。

使顾客产生厌恶、愤怒等消极情绪的原因是多方面的,而且不同的民族、国家、地区、集体和社会阶层的顾客,对同一商品及其介绍方式都会产生不同的情绪。例如,信奉基督教的国家(地区、民族)的顾客对13颗星的图案会很反感,因为他们忌讳"13"这个数字,而不信奉基督教的国家的顾客则不存在这种厌恶心理。日本曾向巴西出口过一种配有紫色饰带的钟表,遭到巴西人的反感。因为,紫色在巴西被认为是不吉利的颜色。又如中国人不喜欢乌鸦,认为它是丧鸟,而法国人则认为孔雀是丧鸟。所有这些都影响到顾客的购买情绪。

所以,一个成功的商品经销者,必然是一个了解当地文化风俗习惯、了悟人的心理变化规律的智者。这也正是我们在前面谈到过的商品销售人员的专业素质和学习态度的问题。只有对自己推介的商品了如指掌,又深知顾客的兴趣爱好和文化背景,才能准确甄别顾客的心理需求,激发顾客的积极情感。

(3)双重的情绪和情感

这是指既满意又失望,既喜欢又忧虑等双重的情绪和情感状态。顾客同时存在两种对立情绪的现象在购买活动中并不少见。例如,顾客很喜欢某一款商品,却因别人用过或听到过对该商品的质疑,所以非常犹豫,这就是双重情绪。但只要引导得当,讲明优势,就能转化消极情绪。

这3种情绪和情感虽然有很大的差别,但在一定的条件下可以彼此转化和互相融合。只要我们与顾客交流有敏锐的观察力,就会将消极情绪引导转化为积极的情绪。

3.2.2 商业活动中的情绪、情感与顾客行为

1)影响顾客情绪与情感变化的因素

(1)商品的所有要素

在影响消费者情绪与情感变化的诸因素中,商品的外观与内在质量是顾客是否获得满足的重要方面,它可使顾客的情感处于积极、消极或矛盾之中。例如,顾客要购买一组家具,不仅要求在质量上达到一定的标准,在外观造型上也要十分讲究,才能既满足储物的需要,又为家居带来装饰美观的效果,这些因素都是影响顾客情感的重要因素。构成商品的因素有很多,如商品名称、品牌、商标、包装及商品摆放等都可给顾客带来不同的情感体验。

(2)销售服务和态度

除了商品质量外,顾客对商品相关的需求也是影响顾客情感变化的原因。服务质量的水平可使顾客产生信任感、安全感、被尊重感,有时比广告宣传更加直接

有效。售货员一声亲切的问候、一个真诚的微笑,会给顾客带来宾至如归的感觉。尤其是当顾客遇到不熟悉的商品或拿不定主意时,能耐心地为顾客当好参谋,直至顾客买到满意的商品,会使顾客产生积极的情感;而漫不经心、语言粗俗、行为浅薄的服务只能使顾客产生不良情感。服务质量问题不仅是态度问题,而且是人们观念改变的问题。现代市场销售观念是"一切以顾客为中心",这种切实做好各项售前、售中、售后服务工作的前提条件,是使顾客心情舒畅、解除后顾之忧的基础。

(3)环境的舒适程度

我们所说的环境是指顾客情感的产生及发展的客观因素和外界条件的总和,如购物场景、卫生、安全、方便、快捷,甚至销售人员的着装等。它是企业微观环境促成的顾客心理效应,对顾客的具体购买行为有着至关重要的影响,是商品企业竞争的重要手段。例如,北京东安集团以豪华别致的装饰、风格各异的布局和丰富多彩的商品,以及带有老北京特色的经营内容,每天吸引着大量北京及外地的顾客,甚至成为北京观光购物中重要的一景。它的成功主要是因为这种环境刺激因素对顾客的购买欲望起到了重要作用。它的现代化设施和环境与老北京的风土人情构成鲜明的对比,使顾客每光顾一个地方,都会有一个好的感觉、美的享受,保持着充沛的购物兴致,优雅和谐与舒适的购物环境使他们流连忘返。

(4)顾客的审美情趣

顾客的审美情趣是指顾客在购买过程中,从个人的兴趣、爱好、目的等出发所产生的不同评价和表现。这种审美情趣会受到文化、年龄、性格及自身经历等条件的影响。比如在颜色的选择上,同一物品,有的人喜欢暖色,有的人则喜欢冷色;有的人喜欢豪华奢侈,有的人则喜欢简单、朴实。由于自身情趣不同对同一商品的注意也不同。有人喜欢"名牌效应"或"名人效应",着重注意外界事物所显示的某种特性,并对这一特性的偏好逐渐扩散,掩盖了事物的另一面,甚至由于对某种商品的偏爱而忽略商品的质量和时节是否符合自身的特点。而有人则注重适用舒适,不随流,不盲从。所以,反应在商品上就会有不同的情感体验。可以这么说,了解顾客才是必胜的保障。

(5)顾客的心境

心境主要是由事物引起的不同心情体验。顾客的心境也就是在与销售人员交流或者是对商品了解过程中的一种情绪体验。比如顾客在商店受到热情接待,就会心情舒畅,导致购买顺利进行;反之,则对商品失去兴趣。还有,一个人的购买欲望往往受心境的影响,如一个人的情绪低落、心情抑郁,就会大大缩小知觉范围,缺乏对周围事物的敏感性,即使平时感兴趣的商品,在此心情的引导下,也会失去热情和欲望。因此,情感变化有时是由主体引起的,决定于当时的精神状态。

案例赏析

沃尔玛成功的秘诀

[经典回放]案例1:一位老者来到沃尔玛新开张的青岛店。结账的时候发生了一点儿小小的意外:由于分类装袋的原因,老者顺手把一条鱼和一块肉挂在了收款台旁的柱子上,在结完账后就忘记了这袋东西。回到家里,老者发现了自己的疏漏,却想不起来东西丢在哪里了。于是他试着给服务台打了个电话,服务台迅速调出当时的录像带,发现这位老者忘在柱子上的货品被另外一位顾客顺手拿走了。沃尔玛没有以告知老者的失误来作为这件事情的结束,而是又给老者补了一份同样的货品。

案例2:深圳一个晚上,一位下了班的沃尔玛员工坐着公交车回家。这时,一个手里拎着沃尔玛购物袋的人上了车。这位员工很礼貌地让出了自己的座位:"您是我们的顾客,顾客就是老板,所以给您让座是应该的。"这位顾客感动不已。我们暂且不讨论这种服务是否有必要性,但可以看到一点:沃尔玛已经把服务从店内带到社会上,而且每位员工深深地被这种服务意识洗了脑。

沃尔玛的创始人山姆·沃尔顿曾多次说过:"向顾客提供他们需要的东西,并且再多一点儿服务,让他们知道你重视他们。在错误中吸取教训,不要找任何借口,应该向顾客道歉。无论做什么,都应礼让三分。我曾经在第一块沃尔玛招牌上写下了最重要的四个字——保证满意。"之所以要让顾客满意,是因为沃尔玛把顾客当作"自己的老板"。

走过50多年的沃尔玛,已经拥有很多"全球第一"的名头。你还见得到它的广告吗? 它已经把自己的竞争力具体到所有的细节当中,而不是简单的广告宣传了。对顾客的"盛情服务",以及有效的低成本运作方式,使沃尔玛成了现代零售业一个典范。

[画龙点睛]沃尔玛人尊重顾客,处处为顾客着想,对顾客盛情服务的行为自然会引起顾客积极的情感。满意的顾客是企业的最大财富,他们不仅自己成为企业的忠实顾客,而且会以真情实感到处宣传,沃尔玛取得的骄人业绩,原因就在这里,沃尔玛经营者的精明之处就在这里。

2)情绪与情感在商品经营活动中的作用

顾客购买商品时的情感过程大体分为喜欢、激情、评估、选定4个阶段。

| 喜欢阶段 | → | 激情阶段 | → | 评估阶段 | → | 选定阶段 |

（1）喜欢阶段

喜欢阶段是指顾客在认识基础上形成的对商品的初步印象，到表示出满意或不满意、喜欢或不喜欢的态度。

（2）激情阶段

激情阶段是指顾客对商品由于喜欢而引起的一时的强烈欲望和热情，但大部分顾客还存在选择的心理。

（3）评估阶段

评估阶段是指顾客在购物欲望推动下，对商品进行经济的、社会的、道德的、审美的价值评估，使自己的感情与理智趋于统一。

（4）选定阶段

选定阶段是指顾客经过对商品的价值评估，产生了对某种商品的信任和偏好，并对它采取行动，形成购物行为。

顾客积极的情绪可以促进购物行动，而消极情绪则可能中止购物行为。任何时段只要将顾客的情绪和情感激发起来，顾客就可能会打破原有的购物习惯而购买某种商品。

在经营活动中，售货员必须按照顾客情绪的特点，使经营的商品、服务项目、商店设施、店堂秩序、环境卫生等都有利于诱发顾客的积极情绪，化解顾客的消极情绪。积极的情绪可促使顾客更主动地去认识、了解商品，发现商品的优点，诱发顾客的购物行为。若在顾客的积极情绪中加入由社会性需要引起的情感，如爱国感、道德感、责任感，就会促使顾客的积极购物活动更顺利进行。消极的情绪会使顾客停止购物活动，甚至会产生永久不良的记忆。由此可见，售货员必须注重顾客购物的情感过程，通过观察、分析，使顾客保持积极情绪于购物活动的始终，以促进经营活动的顺利进行。

3.3　顾客的意志过程对购买活动的影响

案例赏析

辛苦的球迷

[经典回放]2006年德国世界杯足球比赛的地点有12个，赛程从北京时间2006年6月10日至2006年7月9日，历时1个月，世界各地的球迷蜂拥而至，为了观看比赛，许多铁杆球迷放弃了工作，忍受语言不通和气候、饮食习惯的差异，甚

至买高价票。而且,各参赛球队的球迷还要追随球队在比赛城市之间辗转,更有甚者,到现场看球的巴西球迷为省钱都到他们的领事馆去住。这些球迷为了世界杯,已经达到了疯狂的地步,他们的坚强信念令人佩服。

[画龙点睛]真正喜欢,才能克服一切达成愿望。

想一想、练一练

你觉得这一案例对商业活动有什么启示?

_____

_____

_____

_____

消费者经历了认识过程和情感过程之后,是否采取购买行动,还有赖于消费者心理活动的意志过程。即消费者在购买活动中不仅要通过感知、记忆、思维、注意等活动来认识,伴随认识产生一定的内心体验和态度,而且还有赖于意志过程来确定购买目的并排除各种主观因素的影响,采取行动实现购买目的。研究消费者的意志过程和特点是分析消费者购买行为的重要前提之一。

3.3.1 意志心理概述

1)意志概念

意志,是指人们自觉地确定目的,根据目的有意识地调节和支配行动,努力克服困难,实现目标的心理过程。它是人的主观能动性的集中表现,是人类特有的心理现象。

消费者的意志过程表现在为了一定的目标,自觉地克服困难,组织自己的购物行动。例如,准备结婚用品的青年人可以不辞辛苦地跑各家商店,想方设法购买他们称心如意的用品。这一过程就体现了顾客的意志过程。

2)顾客意志过程的基本特征

如果说认识过程是顾客将外界刺激向内在转化,那么意志过程则是顾客内在意识向外部行动的转化,是心理机能的保证。

①自觉目的性。顾客的意志有明确的预定目的,行动具有自觉性,顾客在购买商品之前,就有预期的行动的目的存在于头脑之中,然后有意识、有目的、有计划地予以实施,并把购买目的作为购买活动的基础。例如,顾客想买台微波炉是为了省时、省力又干净,为了这个目的,他会要在家庭经济开支方面多些考虑,作些调整。

虽然,他可能还有别的需求,但购买微波炉的意志很坚定,他会排除干扰,克服困难实现这个计划。

②调节行动性。意志对人的心理状态和外部动作的调节作用,一方面表现在它可以推动人为达到预定目的所需的情绪和行动;另一方面表现在它可以制止与预定目的相互矛盾的情绪和行动。意志对行为的发动和制止,说明了意志的高度支配调节功能,它能够以理智战胜情感,使认识产生飞跃。例如,某顾客有两种消费愿望,限于客观原因不能同时满足,只能选择某一目标实现时,他们会需要意志的参与,不仅要暂时放弃一种消费意愿,还要调节内部的心理状态,以意志调节情绪,控制情绪。

③克服困难性。克服困难性是指顾客在确定目标后的实施过程中,不断与各种困难作斗争,克服困难越多,说明人的意志越坚强。顾客在购买活动中,往往需要克服这些来自主观上的思想干扰和客观条件引起的外部障碍,去实现既定的购买目的。常言说:"疾风知劲草""烈火见真金",就是说人的意志是在困难的磨炼中实现并得到体现的。因此,意志行动就有简单和复杂之分。

顾客意志行动的基本特征不是孤立存在的,而是紧密相连的。目的性是意志的前提条件,调节性是基本要求,克服困难则是意志面对的重要内容。

3.3.2　商业活动中的顾客意志心理

1)消费者的意志品质

意志品质是一个人在生活中形成的比较稳定的意志特征,是个性的重要组成因素。消费者的意志品质归纳起来主要体现在自觉性、果断性、坚持性和自制性等方面。

（1）自觉性

自觉性就是指消费者对行动目的有深刻而明确的认识,并使自己的购物行动符合于购物目的的品质。自觉性一方面可抗拒干扰,不轻易受外界的影响而改变自己的购物行为;另一方面,自觉性不拒绝一切有助于购物目的实现的建议,以提高购物活动的效率。缺乏自觉性表现为易受暗示和独断性。

（2）果断性

果断性是指顾客能够针对自己的情况(如工作、经济、生活和习惯等),迅速而合理地作出有效的购物决定,并立即付诸执行,从而出色地完成购物活动的品质。果断性是以正确认识为前提,以大胆、勇敢和深思熟虑为条件的,是人的意志品质成熟的一个重要标志。缺乏果断性表现为优柔寡断和武断冒失。

（3）坚持性

坚持性又称坚韧性、坚毅性、顽强性、毅力等，是指消费者一旦作出购物决定，制定了购物计划，就会克服各种内在困难，坚持不懈，千方百计实现既定的购物计划的品质。坚持性强的消费者在购买活动中，一旦制定了购买计划，采取了购买决定，就会千方百计地完成，不怕困难和麻烦，绝不半途而废。缺乏坚持性表现为执拗和顽固性。

（4）自制性

自制性是指消费者善于控制和调节自己的思想感情、举止行为及约束自己购物行为的能力。富有自制性的消费者在购买活动中，能自觉地、灵活地控制和支配自己的情绪，约束自己的购买行为，即使在众人鼓动下，也会冷静思考权衡。缺乏自制性的消费者，往往容易感情用事，缺少理智思考，草率地作出购买决定。

四种购物的意志品质，都是完成购物活动意志过程所需要的心理品质。

2）意志过程在经营活动中的作用

顾客购买商品的意志过程分为三个阶段，即作出购物决定阶段、执行购物决定阶段和购后感受阶段。

（1）作出购物决定阶段

作出购物决定阶段是顾客购买商品的意志过程的初始阶段。它表现在购物动机的冲突、取舍及购物目的的确定上。一般表现为：

购买目的的确定→购买动机的确定→购买商品的选择→购买计划的制定

（2）执行购物决定阶段

执行购物决定阶段是顾客购买商品时的实际行动阶段。它表现在根据既定的购物目标采取行动，把顾客的主观意识转化为实现购物目的的实际行动。执行购买决定是真正表现意志的中心环节，不仅要求消费者克服自身的困难，还要排除外界的障碍，为实现既定的购买目的，付出一定的意志努力。

（3）购后感受阶段

购后感受阶段是顾客购买商品的反省检验阶段。它表现在通过对购来的商品的使用及旁人的评价来反省检验自己的购物行为是否明智，所购商品是否理想，并因此而考虑重复购物或扩大购物，是鼓动别人购物还是劝阻别人购物。

在商品销售中，不仅要把握每位顾客的购物动机，弄清顾客的购物目的，了解顾客购物的方式，积极推动顾客执行购物决定，还应重视顾客的购后感受，随时调整自己的销售政策，做好售后服务工作，使顾客满意并产生信任感，从而扩大销售。

【做一做】

3.4　顾客基本心理捕获实践(实训)

1)案例分析

用电话传递你的爱吧

　　一天晚上,一对老夫妇正在进餐,电话铃响了,老妇去另一个房间接电话回来后,老先生问:"谁的电话?"老妇回答:"是女儿打来的。"老先生又问:"有什么事吗?"回答:"没有。"老先生惊奇地问:"没事?几千里地打来电话?"老妇呜咽道:"她说她爱我们。"两人顿时相对无言,激动不已。

　　这是美国贝尔电话公司的广告。

　　评析:＿＿＿＿＿＿＿＿＿＿＿＿＿＿＿＿＿＿＿＿＿＿＿＿＿＿＿＿＿＿＿＿＿＿＿＿

＿＿＿

＿＿＿

2)实训

　　实训内容:调查10名同学或朋友,要求他们列出知道的手机品牌,每位调查者选择使用手机品牌的原因?喜欢哪些品牌?不喜欢哪些品牌?以后买手机或更换手机准备选择什么品牌?

　　实训形式:(1)现场参观。

　　　　　　　(2)调查访谈。

　　　　　　　(3)以调查报告的形式说明消费者的心理变化。

　　实训目标:

　　通过调查了解消费者的心理变化

【任务回顾】

　　消费者的心理过程包括认识过程、情感过程和意志过程,他们是同一的心理过程的不同方面。认识过程主要通过人的感觉、知觉及记忆思维等来完成。情感过程是认识过程与意志过程的中介。消费活动实际上是充满情感体验的活动过程。消费者心理活动的意志过程是再认识过程、情感过程的基础上作出购买决策,采取购买行为的过程。3个过程是统一的、密切联系的单个方面。

【名词速查】

1.感觉

感觉通常是指人脑对直接作用于感觉器官(眼、耳、鼻、舌和皮肤)的外界事物的个别属性的反映,是最常见的心理现象。

2.知觉

知觉是人脑对直接作用于感觉器官的客观事物的整体形象的反映。

3.记忆

记忆是过去经验在人脑中的反映。

4.思维

思维是通过分析、概括,对客观事物的本质进行间接反映的过程。

5.想象

想象是在头脑中对已有表象进行加工、改造、重新组合形成新形象的心理活动。

【任务检测】

一、单选题

1.人对作用于感官的客观事物的整体、全面的直接反映是(　　)。

　　A.感觉　　　　　　B.知觉　　　　　　C.想象　　　　　　D.注意

2.在确定了购买目标后,消费者自觉的支配和调节自己行动的心理活动是(　　)。

　　A.情感活动　　　　B.意志活动　　　　C.情绪活动　　　　D.思维活动

3.人对于外界事物的指向与集中的心理活动称为(　　)。

　　A.记忆　　　　　　B.表象　　　　　　C.注意　　　　　　D.感觉

4.对存储于脑中的事物进行进一步的加工和存储,是指较长时间保持在头脑中的过程是(　　)。

　　A.识记　　　　　　B.保持　　　　　　C.回忆　　　　　　D.认知

5.在与环境的相互作用中保存经验,并运用已有经验改变或调整自己行为的过程是(　　)。

　　A.学习　　　　　　B.保持　　　　　　C.回忆　　　　　　D.认知

二、判断题

1. 人的基本心理活动和首要的心理功能是认识。　　　　　　　　（　　）

2. 感觉是由感觉器官的刺激作用引起的客观反映。　　　　　　　（　　）

3. 借助于已有的知识、经验来理解和把握那些没有直接感知过的事物,表现了思维的间接性。　　　　　　　　　　　　　　　　　　　　　　　（　　）

4. 心理活动过程包括认识过程、情绪过程和反映过程。　　　　　（　　）

5. 消费者对感情性心理活动过程的体验和感受是情绪。　　　　　（　　）

三、思考题

1. 什么是注意? 如何发挥注意在营销中的作用?

2. 什么是情感? 举例说明情感对消费者购买心理活动的影响。

3. 什么是意志? 消费者意志的三个阶段是什么?

【任务检测参考答案】

一、单选题

1	2	3	4	5
B	B	C	B	D

二、判断题

1	2	3	4	5
√	√	√	×	×

任务 4
探讨商业活动中的顾客个性心理

 任务目标

1. 学习掌握个性心理特征的相关心理理论。

2. 理解人的个性心理特征对商业活动的影响。

3. 了解气质、性格特征对商业交易行为的影响。

4. 了解一些特殊个性特征的商业营销策略。

5. 学习特殊顾客心理的转变和处理策略。

 学时建议

知识性学习 8 课时。

案例分析 5 课时。

实践观察学习 6 课时（自主学习）。

【导学语】

商业销售活动与人的个性特征有关吗?

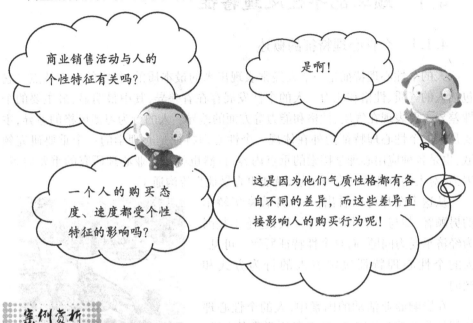

商业销售活动与人的个性特征有关吗?

是啊!

一个人的购买态度、速度都受个性特征的影响吗?

这是因为他们气质性格都有各自不同的差异,而这些差异直接影响人的购买行为呢!

案例赏析

买 票

[经典回放]四位同伴约好一起去看在本市举行的足球赛,为看这场球赛他们准备了很长时间。开赛那天,他们很早出发来到赛场买票,谁知到了在窗口一问,售票员告诉他们,他们只能买散票,而散票的位置较差。同伴甲一听就火了,认为都是花钱,总应该有先来后到的顺序呀,于是与售票员吵起来了;而同伴乙则主张买了票进去看球赛就行了,并自行买票进去看球赛了;同伴丙则主张与售票员商量,尽量选择散票中位置较好的票,最后也买票进去了。只有同伴甲生气地与售票员吵嚷,同伴丁则垂头丧气地回去了。

[画龙点睛]这是一个由于人的个性特征而异的案例。人的个性特征不一样,会导致不一样的处事风格,也影响着个人的购买行为。

【学一学】

4.1 顾客的个性心理特征

4.1.1 个性心理特征的概述

人的个性心理特征是一个人经常表现出来的最本质的、稳定的心理特点。它包括人的气质、性格和能力。人的个性发展存在着差异,其中最明显、最主要的个性差异主要表现在气质、性格和能力等方面的差异。人的行为习惯风格的差异,主要是人的个性心理特征的外在体现。个性心理特征是心理学的一个重要研究领域,也是各种应用心理学探索的重点内容,自然也就是商业心理研究的重要内容。因为,对人的个性特征有所了解,就能更容易地交流沟通了。

从这个图片可以看出:一位开着豪华轿车的男顾客,却与一个小贩斤斤计较,这绝不是因为经济承受力问题,而是个性特征所致。可见,人的个性心理特征决定着人的行为方式和倾向。

在影响商业活动的因素中,人的个性心理特征是非常重要的因素,对于商品消费者来说,他们的购买行为在很大程度上,是受他们的个性心理特征影响的。在商业销售活动中,商品消费者的购买行为,虽然是建立在感觉、知觉、记忆、思维和想象等心理过程的基础之上,受个体情绪、态度和意志影响,并在需要和动机的推动下完成的。但是消费者的购买行为也带有明

爱计较的顾客(选自互联网)

显的个人特色和风格,如有的人爽快干脆,有的人谨慎仔细;有的人愿意自己选择分析判断,有的人则愿意听从别人的介绍宣传;有的人直爽大方,有的人斤斤计较等。这种购买行为上所表现出来的差异,是不同的个性心理特征原因。而对于商业活动的经营者和商品销售者,个性心理特征也会形成不同的经营风格和销售模式。因此,作为一个商业活动的经营者和商品销售者,在商业活动中,不但首先要了解消费者的心理活动过程和个性心理特征,有针对性地进行宣传促销,也要对自我心理特质有一个正确的了解和认识,才能确立适合个人风格特征的营销策略。这也是我们这一章重点讨论研究顾客的个性心理特征的重要意义。为了更好地把

握商业活动中人的个性心理特征,增强交际和沟通的针对性,我们着重对气质、性格等要素进行一些讨论和剖析。

4.1.2 气质特征对商业交易行为的影响

1)气质概述

气质是人的个性心理特征之一,是人生来就有的心理活动的动力特征,表现在心理活动的强度、灵活性与指向性等方面的一种稳定的心理特征,具有明显的天赋性。

气质(temperament)一词源于拉丁语 temperamentum,原意是掺和、混合,按比例把佐料调和到一起。现代心理学中所说的气质与我们平常所说的秉性、脾气等较为近似。在日常生活中,有的人活泼好动,非常开朗;有的人安静稳重,反应缓慢,较为内向;有的人情绪表现大起大落,有的人情绪则细腻深刻。人在这些方面存在的差异,往往是不同气质类型发生作用的结果。

气质是个体心理活动和行为的外部动力特点。它不是推动人们行为的心理原因,不能决定一个人是否活动,也不能决定一个人活动的具体方向。它只表现一个人的心理活动显露于外的动力特点,如心理活动的速度与强度、稳定性、指向性的特点。这些特点分别在感知觉、情绪、性格等心理现象中表现出来,例如,知觉速度的快慢、情绪的起伏变化、性格的内向还是外向等。

著名心理学家巴甫洛夫说:"气质是每一个人最一般的特征,是他的神经系统最基本的特征。而这种特征在每一个人的一切活动上都打上了一定的烙印。"

(1)有关气质的学说

人为什么会有气质的差异?气质的这些差异为什么能够产生?自古以来就是人们研究和关心的问题,早在公元前6世纪,我国古代的思想家和教育家孔子把人的气质分为"狂、狷、中行"三类。狂者言行强烈外露;狷者行为拘谨孤僻;中行则介乎二者之间,依中庸而行。2 000多年来,人们经过探索研究,在这个问题上提出了许多不同的看法,形成了众多的气质理论。其中,气质的体液说、体型说、激素说和活动特性说最有代表性。

小链接

高级神经活动类型与气质

关于高级神经活动类型的概念是巴甫洛夫1909—1910年首次提出的。1935年,巴甫洛夫在《人和动物的高级神经活动的一般类型》一文中详细论述了这一理论。巴甫洛夫通过动物的研究发现,不同动物在形成条件反射时有差异,不同动物高级神经活动的兴奋和抑制特性,有独特的、稳定的结合,构成动物神经系统类型,或叫做动物高级神经活动类型。

动物神经系统的兴奋过程和抑制过程具有三种特性,即兴奋和抑制的强度特性,兴奋和抑制的平衡性特性,兴奋和抑制的灵活性特性。

巴甫洛夫根据这三种特性的独特结合,把动物高级神经系统活动划分成许多不同的类型,其中最典型的类型有四种。

第一,强而不平衡型。这种类型的特点是:兴奋过程强于抑制过程,阳性条件反射比阴性条件反射易于形成。这是一种易兴奋、奔放不羁的类型,所以,也称之为"不可遏制型"。

第二,强、平衡、灵活型。这种类型的特点表现反应灵敏,外表活泼,能很快适应迅速变化的外界环境,也称之为"活泼型"。

第三,强、平衡、不灵活型。它的特点是:较易形成条件反射,但不容易改造,是一种坚毅而行动迟缓的类型,也称之为"安静型"。

第四,弱型。属抑制型,其兴奋和抑制都很弱,阳性条件反射和阴性条件反射的形成都很慢,表现得胆小,在艰难的工作任务面前,正常的高级神经活动易受破坏而产生神经症。

巴甫洛夫认为,从狗身上所确定的四种典型的神经类型与人类的神经活动类型相吻合,这种一般高级神经活动类型的外部表现恰恰相当于古希腊学者对气质的分类。因此,巴甫洛夫认为,高级神经活动类型是气质类型的生理基础。

以上四种类型是基本类型,是从现实的表现中抽取出来的具有典型性的类型。它们之间有许多中间形式和过渡类型。世界上纯属单一类型的人是少数,大多数人都属于混合型。

巴甫洛夫关于神经系统基本特性和基本类型学说,是他在晚年对动物实验研究的结果,仅仅为气质的生理机制勾勒出一个基本的轮廓。他的研究不断地为后来的研究者证实。苏联以捷普洛夫为代表的一批心理学工作者,在巴甫洛夫关于动物神经类型研究的基础上,用条件反射测定法进一步研究了人的高级神经活动类型特点及其与气质的关系,取得了令人满意的成果。

(2)气质类型和行为特征

现代心理学在继承了前人研究的基础上,既肯定了情绪和行动作为评价气质类型指标的必要性和正确性,也指出了诸如感受性、知觉广度、记忆的速度、思维的灵活性等其他心理活动也是评价气质必不可少的依据。目前心理学界认为构成气质类型的心理和行为特性主要有以下几种:

①感受性与耐受性。即人对外界刺激的感觉能力,不同的人对外界刺激的感觉能力是不相同的,经受外界刺激作用在实践上的耐受程度也是有差异的。如有的人总是精力充沛,另一些人则疲惫不堪,这一特性属于心理与行为反应的强度特性。

②反应的敏捷性和灵活性。它包括两类特性:一类是不随意的反应性,即各种刺激引起心理的指向性,如不随意注意的指向性,不随意运动反应的指向性等;另一类指心理反映和心理过程进行的速度,如说话、记忆的速度,思维的敏捷度和动作的灵活性等。

③外倾性与内倾性。有的人心理活动、情绪、言语一经产生,便迅速表现于外,有的人则相反,他们尽量摆脱出头露面的工作,情绪很少外露。前者具有外倾性特点,后者具有内倾性特点。

④情绪的兴奋性。这是指以不同的速度对微弱刺激产生情绪反应的特性。它既反映神经系统的强度,又反映神经系统的灵活性。

⑤不随意反应性。这是不受意识控制调节的无意识心理与行为反应特性(包括无条件反射、下意识活动、习惯性动作等),它表现神经类型的强度和速度特征。

⑥稳定性和可塑性。稳定性是指人的心理与行为稳定性的程度,可塑性是指人根据外界的变化而改变自己的行为以适应环境的难易程度,是神经系统灵活性的反映。

不过,虽然随着心理学学科的发展,对气质的研究也越来越科学,但人们还是习惯沿用古希腊著名医生和学者希波克拉底提出的体液说。而且,希波克拉底的理论后来又被罗马的医生盖伦所发展。

表4.1　基本气质类型的一般心理特征

气质类型	感受性	耐受性	敏捷性	可塑性	情绪兴奋性	倾向性	速度	不随意反应
胆汁质	低	较高	灵活	小	高	外向	快	强,占优势
多血质	低	较高	灵活	大	高	外向	快	强
粘液质	低	高	不灵活	稳定	低	内向	慢	弱
抑郁质	高	低	不灵活	刻板	体验深刻	内向	慢	弱

(3)几种典型气质类型的基本表现

①胆汁质。胆汁质的人又称为兴奋型(不可遏止),属于兴奋而热烈的类型。他们感受性低而耐受性、敏捷性、可塑性均较强;不随意的反应高,反应的不随意性占优势;反应速度快但不灵活;情绪兴奋性高,抑制能力差;外倾性明显。在日常生活中,胆汁质的人常精力旺盛、不易疲倦,但易冲动、自制力差、性情急躁、办事粗心等。

在性别差异方面,胆汁质的男性多表现为敏捷、热情、坚毅,情绪反应强烈而难以自制;女性更多表现为热情肯干、积极主动、思维敏捷、精力充沛,但易感情用事,不善于思考能否克服前进道路上的重重困难和障碍。

②多血质。多血质的人属于活泼型。他们感受性低而耐受性较高;不随意反应强;速度快而灵活;情绪兴奋性高,外部表露明显;具有可塑性和外倾性。在日常生活中,他们常表现为动作言语敏捷迅速、活泼好动、待人热情亲切,但又显得有些粗心浮躁、注意力易转移、情绪易发生变化。

在性别差异方面,多血质的男性表现为敏捷好动,适应能力强,工作效率高,显示出轻率,不愿从事需要耐心细致的平凡工作;女性表现为热情活泼、富有朝气,但情绪不够稳定,容易受感情支配且感情不深刻,兴趣意向不稳定,较任性,从事需要煞费苦心的工作难以坚持到底。

③粘液质。粘液质的人属于安静型。他们感受性低而耐受性高,不随意反应性和情绪兴奋性均低,反应速度慢但有稳定性,内倾性明显。在日常生活中,他们多表现为情绪稳定、心平气和、不易激动、也不外露,行动稳定迟缓、处事冷静而踏实,自制力强但易于固执拘谨。

粘液质的男性更多表现为沉着坚定、态度持重、善于忍耐、遵守纪律、行为刻板、有惰性;女性则表现为冷静稳重、善于克制、埋头苦干、执拗、冷淡、因循守旧。

④抑郁质。抑郁质的人属于弱型。他们感受性高而耐受性低;不随意反应低,反应速度慢且不灵活,具有刻板性;情绪兴奋性高,内心体验深刻;内倾性明显。在日常生活中,他们表现为对事物和人际关系观察细致、敏感;情绪体验深刻、不外露;行动缓慢、不活泼;学习和工作易感疲倦,且不易恢复;孤独、胆怯。

抑郁质的男性,行为更多表现为孤僻、迟缓、善于观察、处事谨慎、情绪深刻持久、态度平稳坚定,但遇到问题容易惊慌失措;女性则更多地表现为迟疑、怯懦、柔弱、忸怩腼腆、多愁善感、情绪体验细腻、耐受力差和极易感到疲劳。

在实际生活中,只有少数人是上述四种气质类型的典型代表,大多数人是近乎某种气质,同时又具有其他气质的某些特征,属于两种气质混合型或过渡型气质,如多血——胆汁质、多血——粘液质、胆汁——抑郁质和粘液——抑郁质等。此外,还有些人属于多种气质混合型。

其实,气质类型并没有好坏之分,只要会合理利用其优势,就能达到需要的效果。

想一想、练一练

看看自己是属于以哪种气质类型为主的人,并说出理由:＿＿＿＿＿＿＿＿＿＿＿

＿＿＿＿＿＿＿＿＿＿＿＿＿＿＿＿＿＿＿＿＿＿＿＿＿＿＿＿＿＿＿＿＿＿＿＿

2)气质特征对商业交易行为的影响

(1)气质与人际关系

人际关系的协调受多种因素的制约,气质类型就是其中之一。研究和实践表明,外向型气质的人,善于社交,适应环境的能力较强,内向型气质的人不善于交往,适应性较弱。气质类型相同的人容易有共同的语言,同质吸引作用,交往可能协调,但同时也有可能出现对立现象,如同是急性子的人有可能经常发生冲突。不同气质类型的人组成团体可以产生互补,人际关系较为和谐。这些反应都说明了人的气质类型差异对人的影响,特别是对人际交往的影响。

由于气质的特性会表现在各种社会行为之中,了解人的气质特点,便于人际交往。例如,具有暴躁气质的人,有爱激动的弱点,与这类气质类型的人打交道,就需要冷静应对,如果自己是这种气质类型,在与人交往时则应能够有意识地控制自己。在平时的交往中,相互了解对方的气质特点,能够避免很多不必要的矛盾或冲突。

想一想、练一练

分享自己在人际交往中失败的案例,并试着分析原因。

_____

_____

_____

_____

(2)与气质类型对应的购物特征分析

①快速型。快速型的消费者购物的心理活动快速而灵活,对多种商品的选择能迅速作出决策,急于完成购买任务。外部表现为心急口快,不愿意进行细致的思考和比较,草率匆忙,常常出现购物后又退货的现象。

②随机型。该类是指购物决策和购物过程中的时间不确定,时长时短,多与购物情景有关的消费者。这类消费者在购买商品的过程中,思维敏捷、处事灵活,既有自己的主张,又能听见别人的意见。

③缓慢型。这类型的消费者在购物决策时举棋不定、优柔寡断,从不草率作出决定。对售货员的介绍半信半疑,相信自己的观察,十分仔细,行动谨慎而迟缓,购物时间较长,如遇挫折马上放弃购买,购买后还会疑心是否上当。

(3)与不同气质特征顾客交往的应对策略

①沉静型。沉静型的消费者不喜欢与人交谈,沉默寡言,情感也不易外露,面部表情不明显,购物态度认真,沉着而不动声色。在购买商品时,他们不愿意谈论商品以外的话题,也忌讳别人了解自己的事,很少和其他消费者交谈。对待这类消费者,售货员不要过分热情,要把握分寸,不然会引起他们的反感。

②活泼型。活泼型的消费者喜欢与人交谈,表情十分丰富,热情开朗,不拘小节。在购物过程中,他们能很快与销售员和其他消费者熟悉,并亲切地交换意见,话题也会超出商品范围。

③温顺型。温顺型的消费者情绪非常稳定,即使外界有不良刺激也难引起他们的变化。他们语言、行为礼让谦和,能与售货员很好地交往,遵从售货员的介绍和意见,遇到不顺心的事,善于忍耐,不容易冲动。

④激动型。激动型的消费者情绪变化迅速而强烈,言谈举止总是夸大的。他们在购物过程中容易受周围事情的感染,购物环境和社会时尚对其选购的物品有较大的影响,购物热情高,但缺乏慎重考虑,与售货员交往时,举止受到情绪支配,态度可能在短时间内发生剧烈变化。

4.1.3　性格特征对商业交易行为的影响

1)性格的概述

(1)性格的含义

小故事

特别"待遇"

一个很有名的作家要来书店参观,书店老板受宠若惊,连忙把其他的书都撤下,全部换上作家的书。他心想:作家来到书店后,看到只售他的书,会非常高兴的。谁知道作家来书店看了后,问道:"贵店只售本人的书吗?""当然不是。"书店老板回答,"是因为你的书非常受欢迎,我们都放在重要位子。"

作家回去后,却决定不与该店继续合作,原因是他觉得他的书在这个地方不受欢迎,即使放在最重要的位子也没有其他的书卖得好!

评析:在不了解对方性格特征前,盲目采取行动是不明智的。

性格是指人对现实的态度和行为方式中比较稳定的具有核心意义个性心理特征。它是一个人最本质、最核心、最有代表性的生动体现。性格既可以反映在外在行为上,如从一个人的笑,就可以判断出这个人是豪爽大方还是拘谨小心,是坦诚还是狡诈,也可以反映一个人的动机和态度。

（2）性格的结构特征

性格是非常复杂的心理现象,它有多个侧面,包含有多种多样的因素,特征也具有多面性。总的说来,可以概括成四个方面。

①性格的态度特征。人对现实的态度体系是性格最重要的组成部分,在人的性格结构中处于核心地位。主要体现在:一是对待社会、集体、他人态度方面的特征,如爱祖国、爱集体、助人为乐、正直、诚实、宽容、与人为善或自私自利、阴险狡猾、虚伪等。二是对待劳动态度的性格特征,如勤劳、认真、细心、节俭或懒惰、马虎、粗心、浪费等。三是对自己态度的性格特征,如谦虚、自信、自尊、自爱或骄傲、自馁、自卑、自怜等。

②性格的理智特征。性格的理智特征是指人们在认识过程中所表现出来的性格特征,具体表现在:从感知方面来看有被动感知型(易受环境刺激的影响,易受暗示),主观观察型(自己有主见且不易被环境刺激所干扰),详细罗列型(特别注意细节)和概括型(更注重事物的一般特征和轮廓)等。从想象方面来看有幻想型和现实型,主动想象型(力图用想象打开自己活动的领域)和被动想象型(以想象来掩盖自己的无所作为)等。从思维方面来看有独立思考型和盲目模仿型,灵活型与刻板型,创造型与保守型等。

③性格的情绪特征。性格的情绪特征是指一个人情绪活动的强度、稳定性、持续性以及主导心境方面的特征。情绪强度方面的特征表现在一个人受情绪的感染和支配的程度,以及情绪受意志控制的程度上:如情绪产生快而强或慢而弱。情绪的稳定性、持续性方面的特征表现在一个人情绪的稳定、持久或起伏波动的程度上:忽冷忽热,几分钟热度或始终保持高昂的情绪、饱满的热情。主导心境方面的特征是指不同主导心境在一个人身上稳定表现的程度:如多愁善感,经常情绪抑郁或整天笑容满面、乐天、乐观等。

④性格的意志特征。性格的意志特征是指人在意志行动中所表现出来的性格特点,表现在一个人习惯化的行为方式中,如下面四个方面的特征:一是是否有明确的行为目标方面的性格特征,如是具有明确的目的还是盲动蛮干,有主见还是易受暗示等。二是对行为自觉控制水平方面的性格特征,如行为是主动积极还是消极被动,是有自制力还是易受暗示等。三是在紧急或困难条件下表现出来的性格特征,如是沉着镇定还是张皇失措,是果断、勇敢还是优柔寡断、胆小怯懦等。四是在经常和长期的工作中表现出来的性格特征,是耐久有恒、坚忍不拔,还是见异思迁、半途而废等。

（3）性格的类型

性格的类型是指在一类人身上所共有的性格特征的结合。由于性格现象的复杂性,目前还没有一个公认的、统一的性格分类标准,常见的性格分类如下:

①机能说(按心理机能划分性格类型)。美国心理学家培因等人根据理智、情绪、意志三种心理机能在性格中何者占优势,把人的性格划分为理智型、情绪型和意志型。理智型的人,通常以理智来评价周围发生的一切,并以理智支配和控制自己的行动;情绪型的人,言行举止易受情绪左右,情绪体验深刻强烈,好感情用事;意志型的人,具有明确的行动目的和较强的自制力,除了上面三种典型的性格类型,还有一些中间型,如理智——意志型。

②向性说(按心理的倾向性划分性格类型)。瑞士心理学家荣格根据人的心理活动倾向于外部还是内部,把性格分为外倾型(外向型)和内倾型(内向型)。外倾型的人心理活动倾向于外部,经常对外部事物表示关心和兴趣,性情开朗活泼,情感外露,不拘小节,善于交际,热情、随和;内倾型的人心理活动倾向于内心,较少向别人显露自己的思想,沉静、谨慎、顾虑,适应环境困难,交往面窄。多数人并非典型的内倾型和外倾型,而是介于两者之间的中间型。

③独立顺从说(按个体独立性程度划分性格类型)。按照一个人独立性程度的大小,可把性格分为独立型和顺从型。独立型的人不易受外界因素的干扰,善于独立地发现问题和解决问题,应变能力强,易于发挥自己的力量;顺从型的人独立性差,易受外来因素的干扰,常不加分析地接受别人的意见,应变能力差。

④社会文化学说(按人的社会生活方式划分性格类型)。德国哲学家、教育家斯普兰格根据人类社会生活方式及由此而形成的价值观,把人的性格分为理论型、经济型、审美型、社会型、权力型和宗教型六种。理论型的人以探求事物本质为其最大价值,哲学家、理论家多属此类;经济型的人以谋求利益为最大价值,实业家多属此类;审美型的人以感受事物的美为人生最高价值,艺术家多属这种类型;社会型的人以善于与人交往、帮助别人为最大价值,社会活动家、慈善家多属这种类型;权力型的人以利用别人、掌握权力为最高价值,领袖人物多属此类;宗教型以追求宗教信仰为最高价值。

⑤特质说(按性格不同特征的结合划分性格类型)。按照性格的多种特性的不同结合来确定性格类型,主要有以下几种:

卡特尔的特质说。卡特尔把性格特征分为经常发生的,从外部可以观察到的表面特质和隐藏在其后并制约表面特质的根源特质两类。他从表面特质中确定了16种行为的根源特质:乐群性、聪慧性、稳定性、恃强性、兴奋性、有恒性、敏感性、怀疑性、幻想性、忧虑性、敢为性、世故性、实验性、独立性、自律性、紧张性。只要测定某个人的这 16 个因素各自达到什么程度,就能得知他的性格特点。

吉尔福特的特性说。吉尔福特等人认为,性格与人的情绪稳定性、社会适应性和心理活动的倾向性有关,他把人的性格分为 12 种特性。根据这些特性的不同结合,他又把人的性格分为五种类型。A 型:性情急躁、直爽坦率、好胜心强,人际关系不太融洽,其行为常引起人们的注意或议论,又称行为型。B 型:情绪稳定、乐观、温和,能力一般,不善交际,能够正确对待困难与挫折,人际关系融洽,社会适应性较好,又称平衡型。C 型:情绪稳定、社会适应性良好,内心封闭、孤僻,好幻想,又称安定型。D 型:情绪稳定、外向,活泼开朗、善交际,与人关系较好,有组织领导能力,又称管理者型。E 型:情绪不稳定、社会适应性较差或一般,内向、自卑、易激怒、多愁善感,也称消极型。

艾森克的特性说。艾森克认为人的性格可以从情绪的稳定与不稳定,内倾与外倾两方面加以描述。他通过测验和统计,找到这两方面特征相互制约的关系,从中得出内倾稳定型、内倾不稳定型、外倾稳定型、外倾不稳定型等性格类型。

想一想、练一练

①分析自己的性格特征。

_____

_____

②提供一个案例让大家分享和评析。

_____

_____

_____

_____

2)与性格特征对应的购物行为分析

(1)消费者的性格特征表现

在商品销售活动中,顾客个体的性格差异是形成各种独特的购买行为的主要原因。在他们对商品购买活动的态度和购买方式上都能体现各自不同的性格特征,并且客观地影响个体的购买态度、购买情绪、购买决策和购买方式。商业营销人员要根据消费者的动作姿态、眼神、面部表情和言谈举止等外在表现判断其性格特点,了解其特点,达成最满意的效果。下面以几种最典型表现进行一些分析。

①外向型消费者。这种性格类型的人热情活泼,在购买活动中,喜欢与营业员交换意见,喜欢探讨有关商品的质量、品种、使用方法等方面的问题,并且易受商品

广告的感染。言语、动作、表情外露,这类消费者的购买决定比较果断、爽快。

②内向型消费者。这种性格类型的人在购买活动中沉默冷静,动作反应缓慢,面部表情变化不大,不露声色,不善交谈,挑选商品时不希望他人帮助,对商品广告冷淡,常凭自己的经验购买。

③理智型消费者。这种性格类型的人理智、慎重,在购买中喜欢通过周密思考,用理智的尺度详细地权衡商品的各种利弊因素,在未对商品各方面认识之前,不轻易购买。购买时间相对较长,挑选商品仔细。

④情绪型消费者。这种性格类型的人情绪反应比较强烈,易受暗示和影响,购物现场的各种因素能促成购买行为的完成。他们对店堂布置、商品广告、商品陈列及营业员的服务态度和方式比较看重。买与不买的决定常会受到现场情绪支配,稍有不满意会在短时间内改变购买决定。

⑤意志型消费者。这种性格类型的人最能排除干扰,按自己的意愿行动。在购买活动中,他们目标明确,行为积极主动,按照自己的意图购买商品,购买决定很少受购物环境影响,即使遇到困难也会坚定购买决策,购买行为果断迅速。

⑥独立型消费者。这种性格类型的人独立性强,购买经验丰富,不易受商品广告和营业员的商品介绍影响。在购买活动中,能按自己的需要喜好购买。

⑦温顺型消费者。这种性格类型的人易从众,在购买活动中,常常注意其他消费者对商品的购买态度和购买方式,会主动地听取营业员的商品分析和他人的购买意见,从众心理比较明显,人买亦买,人不买亦不买,自己缺少主见。

想一想、做一做

①结合自己的购买经验,谈谈自己购买行为主要是受哪些方面的影响?

_____

_____

②模拟训练:如何应对不同的顾客(分角色扮演销售人员和商品顾客)。

3)消费者的性格与应对策略

案例赏析

畅销的"秘诀"

[经典回放]小王负责的柜台在商场的角落,可他的针织衫生意却做得火暴畅销。同行们百思不得其解,同样的商品,同样的质量和价格,为什么他做得这么成功呢?于是,就有人偷偷去观摩,却怎么也没找到"秘诀"。原来,他也是在顾客来了的时候,或是推介商品质量,或是突出商品价格,或是推介商品的款式,或是突出

做工精细,与大家的做法都一样,唯一不同的是:所有来他柜台购物的顾客都能满意而高兴地完成购买行为。

[画龙点睛]针对不同的人,说对对心的话就是销售"秘诀"。

想一想、练一练

让大家分享:说出自己在购物时最典型的心理变化案例。

_____

_____

_____

_____

有经验的销售人员,应该善于从消费者的衣着、言行和表情来确定其性格特点,并适时地调整自我的应对策略,以促使买卖行为顺利进行。如果对消费者的性格把握不当,就会在言行方面无意间伤害消费者,令其购买活动中断,带来商机损失。在销售活动中应尽量避免这类事件的发生。我们一起讨论一些关于销售人员针对不同性格特征的销售应对策略和知识。

(1)接待购买速度不同消费者的策略

由于性格不同,有的消费者选购速度快,而有的消费者慢悠悠似乎难以决断,而且非常敏感,常让人感到会无缘无故地扭头就走,放弃购买。作为商品销售人员,应该仔细观察分析顾客的不同特点,运用不同的销售策略。

对待迅速购买的消费者,销售人员应主动把握好商品的质量关,对那些明显是在仓促之中作出决定的消费者,更应慎重对待,及时提醒消费者,以免其后退货。对于购买速度慢的消费者,千万不能表现出不耐烦,而应提供条件让其仔细比较、思考,对这类消费者要有十足的耐心,销售人员可在接待他们的同时接待其他消费者,他们不但不会感到被怠慢,反而可以更放松的选择。但对待敏感型的消费者,需要销售人员全力以赴,注意自己的言行,既不能态度平淡而让其感到被怠慢,又不能因过于热情让其感到疑惑,最好是消费者需要什么就提供什么,没有必要过多介绍商品的性能、特点或销售信息。

(2)接待言谈多寡不同消费者的策略

在购买活动中,有的消费者爱发表自己的意见,并喜欢和销售人员交谈,有充分展示自己实力的欲望。但有的消费者则沉默寡言,不爱说话,对待这两种消费者应有不同的接待方式。

商品销售人员在同爱说话的消费者打交道时,要掌握分寸,应答要得体。既要满足消费者的表现欲望,又要把握语言方向,免得脱离商品销售的目的。所以,要多运用纯业务性的语言,多说营销行语,尽量创造一个活泼融洽的销售气氛。对待不爱说话的消费者,销售人员要靠自己敏锐的观察力来把握其心理,一般可以从消费者不太明显的动作、表情和眼神等,来判断消费者的喜好和注意对象,进而客观地介绍商品,往往能使消费者尽快实现购买行为。

（3）接待轻信、多疑消费者的策略

有的消费者,由于对所购买商品的性能和特点不太了解和熟悉,往往会以销售人员的介绍为主,销售人员推荐什么,他们往往就买什么,诚实可信是商家力求在消费者心目中形成的良好形象。对待轻信型消费者,销售人员切忌弄虚作假,欺骗消费者,以免损害自己的形象。销售人员要客观、实在地介绍不同品牌商品的优缺点,尽量让消费者根据自己的需要和判断来选择合适的购买对象。对于性格多疑的消费者,销售人员最好引导顾客自己去观察、选择和比较,态度既不能冷淡,更不能过分热情使其起疑心。当消费者对商品存有疑虑时,拿出客观有力的证据,如说明书、质量保证书等,帮助他们打消疑虑,以促成购买行为。

（4）接待购买行为消极、积极消费者的策略

行为积极的消费者一般目的明确,在购买过程中,行为举止和言语表达准确、清晰。对待这类消费者,接待起来比较容易,销售人员要做好的就是好好配合。购买行为消极的消费者是指那些购买目标和意图不明确的人,他们的购买行为能否实现,与销售人员的行为态度、销售技巧、策略有极大关系。对这类消费者,销售人员应积极主动地接待,态度要热情,要善于利用一些广告宣传手段来激发他们的购买冲动,引发购买行为的实现。

（5）接待内向、外向型消费者的策略

内向型的消费者一般不愿意和销售人员交谈,他们往往在商品陈列间循环观察,看似非常随意,并不显露购买意愿。这其中又包含两种情况:一种是自己不爱说话,但喜欢听别人讲,在别人的问话和鼓励下,有时也会滔滔不绝地讲自己的感受和需要;另一种是自己不爱讲话,也不喜欢别人话多,更讨厌别人的询问。对前一种消费者,销售人员要热情,主动介绍商品之后,可谨慎地询问他的意见。对后一种消费者,销售人员要采取"关注和你不问就不回答"的态度,这样他们不会感到不热情,反而让其在轻松的心境中选购商品。外向型的消费者,比较容易把握态度,这类消费者比较容易接待。他们喜欢交谈,愿意与销售者讨论,对销售者推荐的商品反映积极,而且极易受鼓动和暗示。

（6）接待情绪型、理智型消费者的策略

对于情绪型的消费者,根据他们的购物特点,接待销售人员要有一定的情绪观察力和情绪感染力,把握消费者情绪变化,适时推荐商品。理智型的消费者常运用

自己的思维作好购买计划,临时的推荐和广告对这类消费者影响甚微,销售人员最好任其所为,以免徒劳。

4.2 特殊个性特征的商业营销策略

4.2.1 商业活动中的特殊个性心理特征的分析

现在对于商业经营者而言,最大的挑战在于理解是什么使消费者作出了购买决策。这需要不断的与消费者进行互动式的交流、观察,不断的听取并理解顾客的想法和意见。因为激发顾客购买欲望的因素很多也很复杂。虽然任何一个人的购买行为可能有多个需要和动机,但所有需要和动机的最终点是“买”或“不买”。为了实现最终的“买”,就需要进行分析研究策划。“一名好的营销家更是一名聪明的心理分析师。”

在商业活动中,具有典型的一般的个性心理特征的顾客应对时较易,而且也可寻经验、找规律,但一些具有特殊的个性心理特征的顾客最难把握和应对,所以,要更加谨慎地研究分析。下面我们把特殊个性心理特征的顾客分成四类进行一些分析。

1)情感冲动型个性特征的顾客

(1)购买特点分析

这类顾客的个性特点是情绪易于冲动,心境变换剧烈,对外界的刺激反应敏感,在实施购买过程中表现为冲动式购买。他们对商品的选择以直观感觉为主,易受广告宣传或商品服务外观、色调等外部的影响,并喜欢追求新异商品和时尚商品,对价格是否合算、产品是否真正适用不大考虑,常凭个人的兴趣购买,交易迅速,买后往往感到并非是自己最满意或最需要的,因而产生懊悔之情,购买行为带有浓厚的感情色彩。在选购商品时,感情体验深刻,想象力和联想力特别丰富,审美感觉也比较灵敏。这类顾客在购买活动中比较容易受外界因素的影响,如广告宣传、时尚流行等,对商品的外在形式比较挑剔,而对性能等较为忽视。

(2)应对策略

对这类特殊顾客进行服务时,尽量推荐新的、时尚的商品,现场促销和宣传活动对这类顾客非常有效。而且在交易时,应该尽量不要与他们发生争执,万一出现矛盾应避其锋芒;认同并称赞他们的购买决策,让他们有成就感。还要注意与此类顾客交易要做到收款结账迅速。

2）圆滑难缠型个性特征的顾客

（1）购买特点分析

这类顾客往往比较精明，基本属于理智型顾客。主要表现为：理智好辩、虚荣心强、贪小便宜等。其特点是：在购买活动中善于观察、分析比较，根据自己的经验和对商品的知识，广泛收集所需要的商品信息，经过周密的分析和思考，才能作出购买决定。他们很少感情用事，主观性较强，不受他人及广告宣传的影响，挑选商品时仔细、认真、有耐心。在整个购买过程中保持高度的自主，并始终由理智来支配行动。比如，常常会有顾客在销售者介绍一种产品时说："你介绍的这种商品很好，但我仔细考虑后，还是决定尝试另一种，真不好意思。"这是圆滑难缠型顾客经常使用的一句话。每当销售者向他建议购买某种商品时，他要么说是因为价格太贵、要么是不想购买而采用这句话当借口来拒绝你。这类顾客是销售者最难把握和应对的顾客。

（2）应对策略

针对这类圆滑老练的顾客，营销人员要预先洞察他的真实意图和购买动机。在面谈时造成一种紧张气氛，如向顾客表达出这种商品受欢迎的程度，并暗示出它的时尚流行趋势和优惠时效，等等。这样便于使对方觉得只有当机立断作出购买决定才是明智之举。同时，营销人员还要强调这种商品售后将会给顾客带来的连带利益效应，从而进一步"利诱"顾客，如此双管齐下，顾客也就没有了纠缠和推脱的机会。

3）顽固不化型个性特征的顾客

（1）购买特点分析

不管销售人员介绍哪种商品或商品的哪些方面，顾客总认为自己永远是正确的。他们多属于兴奋过程强烈，而抑制能力差，情绪易于冲动的一类人。这类顾客有可能会脾气暴躁，或自命清高、喋喋不休。此类顾客在购买行为过程中，往往不能接受别人的意见，对销售人员的介绍持有戒心，常持不信任态度，异常警觉，甚至于销售人员越是推荐、介绍的商品，他越不理睬。他们多属于性情孤僻、主观意志较强的一类人，而且，此类顾客在购物时，经常表现出傲慢的态度，从语言到表情都带有明显的霸气，甚至会用命令的口吻提出要求，且情绪易于激动，稍不合意就会与商品销售人员发生争吵，还有一个明显的特点就是喜欢根据过去的购买经验、使用习惯来进行消费。他们往往会对商品或服务产生一种特殊的感情，以致形成心理定势，如产品质量过硬、售后服务周到等。

（2）应对策略

应对这类型的顾客，首先要做到不要过多表现自己，要让顾客有表现的机会。比如，一边听他高谈阔论，一边用好奇的目光注视着他。如果顾客坚持要按他过去的经验来评判商品，销售人员就不能强行推荐你认为的商品优势，否则一定会遇到强烈的反抗。再就是要听听顾客给你的建议。他自以为对商品评判很专业，对你的商品经销策略也有种种异议，你不妨把它们全部记录下来，以示对他的尊重，同时也可能有意外的收获。三是保持平常心来面对顾客，不要因为对方的盛气凌人而屈服，以致低声下气地"顺大溜"拍马屁，不卑不亢的态度反而更有胜算。

4）犹豫不决个性特征的顾客

（1）购买特点分析

这类顾客属于抑郁—敏感型，从气质心理学的角度分析，这一类型的顾客一般沉默寡言，不善交际，对新环境、新事物难于适应，缺乏活力，情绪不够稳定；遇事敏感多疑，言行谨小慎微，内心复杂，较少外露。在购买活动中，很少受外界因素的影响，感情不外露，举动不明显，沉默寡言，态度持重，交际适度，但不随和，不愿与人交谈沟通，缺乏购买经验和主见，对自己需要的商品没有固定偏爱，往往长时间处于犹豫不决的状态。这类顾客向往遇到态度温和的销售人员，而且有愿意接受建议的心理倾向，乐于听取他人的参谋推介，而且从众心理明显。

（2）应对策略

面对犹豫不决的顾客，你会觉得决策是一件让人提心吊胆的事，与这类顾客交易会浪费你不少时间。所以，应对这一类型的顾客，一是为他限定期限优惠，如告诉他，只要在某某期限前购买，就能获得哪些特别优惠或售后服务等一些他们盼望的优惠条件，在顾客心理上造成一种限期购买的印象。二是通过其他顾客的成交及现场气氛向他施压。三是以情打动，建立起彼此的友谊，让顾客感受到你心理上的支持。这种心理支持与理解会打消他们心中的疑虑，一步步完成销售行为。四是通过商品比较法，来凸现所推介商品的优势。

案例赏析

"递价"赢商机

[经典回放]一家大商场由于经营不善，濒临倒闭，欲以极低的价格甩售商品变现。小林闻讯进了一批。他的想法是：这些商品可称得上是物美价廉，只要稍加吆喝，要不了多久，就能猛赚一笔。

小林很用心思,将商品按价值分为5元、8元和20元等几个销售区。为了给顾客造成清仓甩卖的印象,所有商品都杂乱无章堆放着,店里墙角还散放着一些破纸箱和打包带。经销开始时,店里人来人往、挨挨挤挤。这个挑,那个选,好不红火。突然,一个中年妇女拿了床毛毯问收银员:"价格这么便宜,该不会有问题吧?"收银员还没来得及解释,另一个老太太和旁边的人嘀咕道:"只有错买,没有错卖。过两天再来,说不定还要便宜。"这话顿时让很多人打消了抢购的念头。

一连几天,喇叭连着喊,除了偶尔有人犹豫着买几样东西外,店里冷冷清清。

怎么会这样?小林想了好久,终于想出一招,悄然改变了促销策略——递价销售。

其实很多顾客仍惦记着这些便宜货呢!在"以静制动"。过了几天,那些来过店里的太太们看似漫不经心地进店,可看了看商品的标价,突然惊问道:"老板,这些东西前几天一件还是8元,今天怎么成了8.5元?"小林告诉她们,这本来是限期优惠销售,即使按此标价还是亏的。那些原来曾来过店里的顾客发现价格"涨"了,心理上受了强烈的冲击。

可小林还是不动声色,每隔两天,就把价格往上调5角。发现此"异动"后,一些精明的家庭主妇再也按捺不住了,从此店里又热闹起来,原来卖不动的商品成了俏销货。

小林收摊时,纯赚3万多元。

[画龙点睛]做生意实际是在和顾客"斗智斗勇",是一场比耐心的拉锯战。这种逆向的递价促销法,最终打开了顾客观望降价极限的闸门。有时不按常理出牌,反而能撩拨起顾客的购买欲望,取得意想不到的成功。

想一想、练一练

此案例让你想到了些什么?

_____

_____

_____

_____

4.2.2　顾客的抱怨心理转变策略

1)消费者抱怨的一般表现

商品经营者和销售人员,掌握顾客的抱怨心理时的表现有利于了解其购买心理,制定销售策略,改进销售服务,也有利于维护商家在消费者心中的形象。由于

消费者的个性特点和人生经历的不同,产生抱怨时的表现也多种多样,大体表现有以下几方面:

(1)语言表现

消费者产生抱怨后,语言会带有情绪化色彩,表现出语言生硬,抱怨的言词多,如"怎么能这样呢、太不像话了、没见过这样的"等,也有人直接把抱怨的原因说出来,还有的消费者产生抱怨后变得易怒和争吵,甚至有的消费者说出一些带有威胁性的语言。

(2)面部表情

产生抱怨的消费者面部表情变得紧张,双眉紧锁,目光中饱含着怒气,一幅怒相。

(3)行为表现

消费者产生抱怨后,购物行为也会发生一系列变化。有的消费者谨慎小心,行动不自然;有的消费者动作幅度大,表现出不满;有的消费者中断购买行为迅速离开;有的消费者进行投诉。

2)顾客抱怨心理分析

(1)渴望尊重的心理

顾客对商品或服务等方面产生抱怨,主要是感觉受到别人的忽略,希望得到别人对自己给以尊重、同情,以期使自己的抱怨得到处理和解决。

(2)寻求发泄的心理

当一个人在采取某一行为时,就是对原平衡心理的打破,需要自行调节内心的冲突才能达到新的平衡。有些顾客在购买活动过程中,为达到心里新的平衡,就以抱怨心理替代,用抱怨的语言、行动等方式发泄出来,如责备、提意见,或在行动上拒绝购买等。

(3)期待补偿的心理

顾客为了维护在消费活动中的自身利益,缓解因购买活动而打破的心理平衡,从而期待一种心理补偿。

3)应对顾客抱怨的策略

顾客的抱怨心理如不能及时调整或消除,就会对其购物活动产生影响,处理不当还会使抱怨加深。因此,销售人员要探索研究处理顾客抱怨的方法和策略,对成功营销意义重大。一般来说:应该从以下几个方面去努力:

（1）倾听

顾客在购买过程中产生的抱怨多数是在主观的预期和现实之间的差异造成的。有的抱怨能被认同，也有的抱怨是误会或不理解造成的。不论是哪种情况，顾客都存在要求被尊重、同情的心理。销售人员要有意让顾客的不满和抱怨得到释放和发泄，减轻其心中的压力，倾听，是最好的办法，倾听也可从中了解顾客产生抱怨的原因，有利于采取有针对性的解决办法。相反，若急于去和顾客辩解，反而会被顾客认为是对其不尊重，更加强化了其抱怨程度，甚至会产生新的抱怨。

（2）道歉

通过耐心的倾听，弄清顾客抱怨的原因和内容之后，诚恳地道歉是必要的环节。销售人员要正确的认识和理解顾客的抱怨，应从顾客的抱怨中寻找自身的不足，从改进服务的角度出发来认识顾客的抱怨。顾客的态度是经营者的镜子，从别人的评价中反观自己，才是提高的诀窍。

（3）处理

在销售过程中，许多顾客的抱怨心理通过耐心地倾听和诚恳地道歉可能被消除，但有些涉及面较大，造成影响较深的抱怨心理，则需要更深入的工作。例如，商品在使用过程中出现质量问题使顾客投诉或销售服务不慎造成顾客的财务损失和精神伤害等，对这类抱怨的处理，销售人员更要慎重。

4.2.3 顾客的拒绝态度的转变策略

消费者在购物活动中会对商品、服务、销售环境等产生一定的心理感受和体验，这种感受和体验是否愉悦，将直接影响购买活动。感受愉悦则会促使购买，否则就会拒绝购买。因此，销售人员在与消费者交往时必须注意其态度的变化，善于通过服务使消费者产生愉悦积极的心态，促进其购买。当观察到消费者已产生拒绝心理的倾向，应尽快分析其产生拒绝购买心理的原因，并采取有效的方法促使其转化。

1）拒绝购买心理产生的原因

消费者产生拒绝购买心理的原因是复杂的，既有来自外部的原因，也有来自消费者自身内部的原因，是内因外因综合作用的结果。

（1）内部原因

内部原因是指来自于消费者自身的心理特点或行为习惯等方面的原因。如消费者的气质、性格、需要、购买动机、消费习惯、消费倾向、情感倾向、人生阅历等方面的特点。这些内部原因在消费者购买态度的形成中起决定作用。如果这些因素中的每一因素都处于适宜购买的积极水平,且它们之间不发生矛盾冲突,不打破内心的购买愉悦体验,那么,消费者就会产生积极的购买态度,否则就会产生消极的拒绝购买心理。

(2)外部因素

外部原因是指来自于消费者自身之外的,与销售活动相关联的因素。如销售环境,销售服务商品品质,销售场所的卫生、气味、声音、光照,商品的摆放,销售方式,服务态度,售后服务,商品的质量、价格、商标、颜色、型号、包装等。

在这些外部因素中,商品本身的因素对消费者购买心理的影响最大,是起主导作用的外因。如果消费者对商品非常满意,购买态度就会很积极,其他因素就会变得次要,甚至被忽略。相反,消费者对商品不满意,其他因素的影响就会变得突出,易产生拒绝购买的心理。

2)拒绝购买心理的程度分析

拒绝购买心理是消费者在购买活动中产生的一种消极的态度心理,根据产生的强弱可分成三种不同的程度,即表面的一般性拒绝,直接性拒绝,隐藏原因性的拒绝。

(1)表面的一般性拒绝

这是指消费者在购买过程中由于对商品或服务心存疑虑、犹豫不决而产生的拒绝购买心理。在购买活动中,有的消费者虽然有一定的购买欲望,但由于对商品的了解还不够全面,且商品的各方面因素如质量、性能、款式、颜色、价格没有完全满足于自己的购买需要,以及对销售者的服务产生不信任等,致使消费者不敢轻易作出购买决定,而表现出层次较浅的消费者的拒绝购买态度。这种程度的拒绝由于消费者有一定的购买欲望,只要采取适当的心理调整方法,这种程度的拒绝心理是很容易转化的。

(2)实质性直接拒绝

消费者在购买过程中,对商品和服务有全面的了解与深刻的体验后,所产生的直接果断的拒绝购买心理,是比较深层次的心理原因造成的,是一种实质性的拒绝心理。消费者产生直接拒绝购买态度的主要原因有两个方面。一是因为商品的原因。消费者在购买活动产生以前,对想购买的商品存在很多的心理预期,当准备实施购买时觉察出与自己的心理预期相差太远,就会产生拒绝心理。二是因为销售服务原因。如果因销售服务和销售人员的态度,而令消费者产生了不愉悦的情感体验,也会使消费者产生拒绝态度。这种程度的拒绝,是有深刻情感体验的拒绝,所以转化起来比较困难,但也很可能转化。

(3)隐藏原因性的拒绝

消费者出于某种特殊心理,把拒绝购买商品的真实原因隐藏起来,对于这种程度的拒绝,转化的难度会更大,因为很难找准消费者拒绝的真正原因。比如,商品的价位与消费者的购买力差距,对销售人员的服务不满意,与陪同购买者的观点不一致等。消费者往往会用无关紧要的理由拒绝,使销售人员找不到拒绝购买的真实原因。

3)拒绝购买心理的转化策略

由于消费者心理差异和需求的复杂性,产生拒绝心理的原因也多种多样,转化消费者拒绝心理和策略也要千变万化。

(1)表面一般性拒绝心理的转化策略

消费者一般性拒绝心理产生于对商品的了解不够或对销售人员的信任不够而产生的,其实他们的购买欲望是很强烈的,所以,转化起来很容易。一是通过对商品的介绍和宣传,提高消费者对商品的认知度;二是销售人员调整服务姿态,做到热情、热心、周到,提高亲和力,让消费者产生信任心理。这样,就能转化消费者的拒绝心理,促成购买行为。

(2)实质性直接拒绝购买心理的转化策略

因为实质性直接拒绝产生,是由深层次的心理体验造成的,所以转化比较困难。但是,如果能把握消费者心理变化的规律,摸准心理防御弱点,仍然能做好转化工作。一是要有意识地转移消费者注意的目标,激活消费者新的购买需求;二是改变服务方式,重点推荐商品优势;三是调整服务姿态,让消费者体会到销售人员对他们足够的尊重。即使不能促成当次的购买行为,也会为消费者留下良好的印象,为下次购买行为打下基础。

(3)隐藏原因性拒绝心理的转化策略

这类拒绝心理程度最深,因为销售人员很难把握消费者拒绝的真正原因,难以"攻心",所以,转化的难度最大,对销售人员的素质要求也更高。首先,仔细的观察、分析、揣摩消费者内心拒绝的真实原因非常重要,要求销售人员好察言观色,冷静分析,不要自作聪明地瞎推断、乱辩论;二是要体现尊重体谅;三是要提出合理化的建议。讲策略、讲技巧,于无声处影响消费者心理的变化,促使消费者克服困难,完成购买行为。

想一想、练一练

把你的经典案例拿出来大家分享：_____

_____

_____

_____

【做一做】

4.3　顾客特殊个性与行为分析（实训）

1）案例分析

案例1：商店一天的营业开始了。食品商柜的营业员小叶正在忙着摆放未整理好的食品，这时一位女顾客来到柜台前说："营业员，给我称点点心。"小叶一边忙着手里的活一边说："请您稍等"。等小叶忙完手里的活，转身来接待时，发现这位顾客已经走，小叶无奈地摇了摇头。又一位来到食品柜台前驻足观看的顾客，小叶立刻走过去，热情地向他介绍这种食品的口感、营养价值、生产工艺，并请他免费品尝。最后，这位顾客高高兴兴地购买相中的食品。随着购买食品的人越来越多，小叶加快了节奏。当一位大娘买好食品，小叶正在收银找零时，大娘把食品从秤上拿到了自己的手中，小叶一边把给大娘的零钱交给大娘，一边麻利地从大娘手中拿过食品，准备为大娘买的食品又打一层包装。这下惹火了大娘，"干啥，我给钱了，你把它拿回去干嘛?"小叶一看，大娘是误会了，连忙解释说："大娘，对不起，您看买货的人这么多，我没来得及跟您解释，我怕您拿着不方便，想给您打个牢固的包装，我动作太快了，实在对不起。"边说边把包好的食品交给大娘，大娘的脸上立即"多云转晴"，在小叶的"再见，欢迎您再来"的声音中满意地离开了柜台。

评析：①_____

_____

_____

②_____

_____

_____

③_____

　　案例2:据记载,几年前,长沙曾出现过一批清一色的绿色捷达出租车。颜色取名长沙绿。长沙绿是怎么来的呢?据说当时湖南一家经销商在做出租车大户销售,几经周折都不曾获得订单,但是出租车公司老板也没有拒绝。销售经理最后一次找客户谈,客户说:我喜欢一种绿色,我要把新的车全部弄成这个颜色,但是你们厂家目录里没有这个颜色。

　　这位大用户经理在了解了这个消息以后调来了4S店维修车间里的油漆技工,当场调试,没想到客户自己也不知道自己喜欢的是什么绿色,但是调来调去就是没有让客户满意。后来,销售经理仔细了解这位客户的生长背景后,就调出了这位客户喜欢的颜色。原来,客户小时候过过苦日子,是放牛长大的。放牛的人喜欢什么绿色? 答案是雨后小草发嫩芽的绿色。当这种颜色被调出的时候,这单子就做成了。很明显,喜欢小草发芽后的绿色,是一种潜意识,是客户小时候的经历在潜意识里的模糊记忆。

　　评析:_____

_____

_____

_____

　　2)实训

　　实训内容:消费者拒绝购买或抱怨心理的处理。

　　实训形式:调查、收集典型案例进行分析。

　　实训目标:通过对案例的分析,进一步了解消费者拒绝购买或抱怨心理产生的原因,学习对消费者拒绝购买或抱怨心理进行转化处理的策略和技巧。

【任务回顾】

　　通过学习本任务的内容,我们掌握了个性心理特征的相关心理理论,并且理解了人的个性心理特征对商业活动的影响。在案例赏析中,我们知道了气质、性格特征对商业交易行为的影响,通过练习,也学习了一些特殊个性特征的商业营销策略和特殊顾客心理的转变和处理策略。

【名词速查】

1. 个性心理特征

个性心理特征是一个人经常表现出来的最本质的、稳定的心理特点,它包括人的气质、性格和能力。人的行为习惯、风格的差异主要是人的个性心理特征的外在体现。

2. 气质

气质是人的个性心理特征之一,是个体表现在心理活动的强度、灵活性与指向性等方面的一种稳定的心理特征。

3. 性格

性格是指人对现实的态度和行为方式中比较稳定的具有核心意义的个性心理特征。它是一个人最本质、最核心、最有代表性的个性心理特征的生动体现。

【任务检测】

一、单选题

1. 人的(　　　)的差异主要是人的个性心理特征的外在体现。
   A. 行为习惯风格　B. 语言姿态　　　C. 体形　　　　　D. 面貌

2. 气质是人的个性心理特征之一,是个人(　　　)的心理活动的动力特征。
   A. 后天形成　　　B. 学习学得　　　C. 生来就有　　　D. 教育获得

3. 气质的体液说是由古希腊著名医生和学者(　　　)提出的。
   A. 弗洛伊德　　　B. 希波克拉底　　C. 巴甫洛夫　　　D. 黑格尔

4. 瑞士心理学家(　　　)根据人的心理活动倾向于外部还是内部,把性格分为外倾型(外向型)和内倾型(内向型)。
   A. 吉尔富特　　　B. 艾森克　　　　C. 荣格　　　　　D. 卡特尔

5. 在商品销售活动中,顾客个体的(　　　)差异是形成各种独特的购买行为的主要原因。
   A. 性格　　　　　B. 经济收入　　　C. 审美　　　　　D. 消费意识

二、多选题

1. 在销售活动中,分析顾客抱怨心理一般是(　　　)等心理的外在表现。
   A. 渴望尊重　　　B. 寻求发泄　　　C. 期望补偿　　　D. 表达愤怒

2. 应对顾客抱怨的策略主要是做到这样几步即(　　　)。

A. 补偿　　　　　B. 倾听　　　　　C. 道歉　　　　　D. 处理

3. 性格是非常复杂的心理现象,它有多个侧面,包含有多种多样的因素,可以概括(　　　)等方面的特征。

A. 性格的态度特征　　　　　　　B. 性格的理智特征

C. 性格的意志特征　　　　　　　D. 性格的情绪特征

4. 拒绝购买心理是消费者在购买活动中产生的一种消极的态度心理,根据它的强弱可分为(　　　)。

A. 假意拒绝　　　　　　　　　　B. 一般表面拒绝

C. 实质性拒绝　　　　　　　　　D. 隐藏原因性拒绝

5. 希波克拉底在古希腊医生恩培多克勒"四根说"的基础上,提出了气质的体液说。他认为:人的气质可分为(　　　)。

A. 多血质　　　　B. 胆汁质　　　　C. 粘液质　　　　D. 抑郁质

三、判断题

1. 商业销售活动与人的个性没有任何关系。　　　　　　　　　　　(　　)

2. 气质是先天具有的,对一个人的购买行为没有影响。　　　　　　(　　)

3. 销售人员的个性特征对销售活动有重要的影响。　　　　　　　　(　　)

4. 商品交易活动只是即时行为,只要促成当时的交易成功就行了。　(　　)

5. 消费者实质性的拒绝购买心理是转化不了的。　　　　　　　　　(　　)

四、思考题

1. 谈谈在销售活动中,为什么要关注消费者的性格差异?

2. 对于消费者的抱怨心理,你有什么调整的高招?

3. 你认为在销售活动中,哪类性格类型的人是最难应付的?

【任务检测参考答案】

一、单选题

1	2	3	4	5
A	C	B	A	A

二、多选题

1	2	3	4	5
ABC	BCD	ABCD	BCD	ABCD

三、判断题

1	2	3	4	5
×	×	√	×	×

任务 5
激发顾客交易购买动机的策略

 任务目标

1.了解顾客需要及其基本特征。

2.了解激活顾客需要的心理策略。

3.掌握顾客购买兴趣的开发心理策略。

4.掌握激发顾客购买动机的策略。

5.通过对促销方式及其促销方式间的比较,学习促销策略中如何激发顾客购买兴趣和欲望。

 学时建议

知识性学习 12 课时。

案例学习讨论 6 课时。

现场观察学习 20 课时(业余自主学习)。

【导学语】

你知道什么是购买动机？怎样激发顾客购买动机的产生？

没有需求，就不会产生购买的欲望，也就不会出现购买行为吗？

此任务是教我们如何激活需要，激发顾客购买动机吗？

案例赏析

"一瓶温暖人心的胶水"
——让阿尔迪超市成功的永恒法宝

[经典回放]据一项零售商业销售排行榜统计，阿尔迪超市又成为销售单件商品排行榜的第一名，虽然它的销售额远远不及沃尔玛超市，但它经销的单件商品却是沃尔玛的30倍，也就是说：到阿尔迪超市购物的顾客远远比到沃尔玛超市的顾客多得多。

阿尔迪超市靠什么创造了奇迹呢？

在电视采访时，现已位居世界最富人物排行第三位的阿尔迪超市老板说："是母亲教我们从一瓶胶水开始的，母亲用'一瓶温暖人心的胶水'教给我们最好的经营法宝。"原来，在他们小时候，他们的母亲是一家杂货店老板，店里也卖信封和邮票，而且当时卖邮票是不赚钱的，卖信封的利润也非常微薄，可令他们不解的是，母亲还为顾客免费提供胶水和笔墨，完全是一项赔钱的买卖。母亲对他们解释说："虽然我们在这上面赔钱了，但方便了顾客，他们会觉得温暖，也就更愿意在我们这儿买别的东西了。"于是，当这位母亲把店铺交给他们时，他们便牢牢记住了"一瓶温暖人心的胶水"，把"让顾客感到温暖"当做他们经营的核心理念，于是生意就越做越好了。

[画龙点睛]让"顾客感到温暖"是一条永恒的经营法宝，它所表达的是顾客真正的心理需要，也是顾客购物活动的最基础的动力。

心理学研究成果表明：人们的行为都有一定动机，而动机又产生于人们内在的需要。当人们产生某种需要而又未得到满足时，会产生一种紧张不安的心理状态，在遇到能够满足需要的目标时，这种紧张不安的心理就转化为动机，并在动机的驱动下进行满足需要的活动，向着目标前进。当他达到了目标，需要得到满足，紧张不安的心理状态就会消除，这时又会产生新的需要和新的动机，引起新的行为。

消费者需求是消费者有能力购买并且对某商品有购买欲望。消费者需要只是一种欲望并不能表示他能买得起。购买动机是有购买的欲望，并不代表有能力支付，这个是思想上的购买行为。而实际行动说明消费者已经买了物品并为此付出了资金。

【学一学】

5.1 激活顾客的需要心理

5.1.1 需要及其作用

1)需要的概念

所谓需要是指人们在一定的生活条件下，为延续和发展生命对客观事物的渴求或欲望。人的需要的产生有赖于个体当时的生理状态、外界情境以及个人的心理活动三方面因素。因此，需要是主观性和客观性的统一，是现实要求在人脑中的反映。人的一世行为都源于需要，当一种需要满足之后，另一种需要就会激发，成为人们行为的目标或动力。

我们在这里主要讨论顾客的消费或购买需要。顾客的消费需要包含在人类一般需要之中，它是指顾客对以商品或劳务形式存在的消费对象的渴求或欲望。顾客需要是推动顾客进行各种购买行为的内在原因和根本动力。深入研究需要的分类、理论及其基本特征，有助于商业从业人员了解和掌握顾客购买行为的内在规律，以激发和调动其购买的积极性。

2)需要的分类

顾客购买需要既是内部主观欲求的反映，也是外部客观现实的反映。而顾客的主观世界和生活的外部环境是复杂多变的，因而顾客购买需要也是多种多样的。这些不同的需要，支配和影响着顾客的各种活动。因此，要从不同角度，按照不同标准对顾客需要进行分类，以便掌握不同类别需要之间的相互区别与联系，更好地引导顾客需要,并使之得到充分满足。

(1)按照顾客的购买目的不同分类

按照顾客的购买目的不同可分为现实性购买需要和潜在性购买需要。

(2)按照需要满足的对象不同分类

按照需要满足的对象不同可分为社会公共需要和个人需要。随着人民生活水平的提高,个人需要的范围将不断扩大,内容日益丰富多彩。

(3)按照需要的起源不同分类

按照需要的起源不同,可分为自然需要和社会需要。自然需要又称生理需要,它是指顾客为了维持和发展生命而产生的对衣、食、住、行等基本生存条件的需要。社会需要又称心理需要,它是指顾客为了参加和维持社会生活,进行社会生产和社会交往而产生的需要。

(4)按照需要的实质内容不同分类

按照需要的实质内容不同,可分为物质需要和精神需要。物质需要是指顾客对以物质形态存在的、具体有形的商品的需要,是人类社会的基础,也是人的最基本、最重要的需要。精神需要是指顾客为改善和提高自身素质对观念的对象或精神产品的需要,是以人的物质需要为基础的。物质需要与精神需要既有区别又有联系,满足物质需要的同时也在一定程度上满足了精神需要,而满足精神需要的同时也往往包含着丰富的物质内容。随着社会的不断进步,顾客的精神需要将不断加强。

(5)按照顾客需要的实现程度不同分类

按照顾客需要的实现程度不同,可分为现实需要和潜在需要。现实需要是指顾客对某些商品或服务的购买欲望已经表现出来,购买可以得到实现的一种需要形态,是商业企业经营活动的立足点和基础。潜在需要是指顾客对某些商品或服务的购买欲望尚未表现出来,具有潜在购买力的一种需要形态。在一定条件下,现实需要和潜在需要是可以相互转化的。在商业经营活动中,企业应不断发掘顾客的潜在需要,并及时引导潜在需要转变为现实需要。

3)需要的作用

需要与顾客的各种心理活动都有密切的关系,并对激发顾客购买动机、促成顾客购买行为有重要的影响作用。这种影响作用概括起来讲,就是需要是顾客购买动机的基础和根源,是顾客一切购买行为的原动力。具体来讲,当顾客有某种不足之感或想得到某种商品或服务时,需要就随之产生,而产生的需要又未得以满足时,便会产生一种不安和紧张的心理状态。这种心理紧张现象,引发了顾客内在驱动力,使顾客寻求满足需要的目标,一旦目标明确即转化为购买动机,从而推动顾客进行满足需要的活动。当购买行为告成,顾客的需要得到满足,购买动机不断削弱,紧张的心理状态会自动消除。顾客接着又会产生新的需要,引起新的购买动机和行为,实现新的购买目标。如此周而复始,循环往复,激发顾客购买动机,促成顾客购买行为。因此,商业企业可通过研究和控制顾客的需要,了解和把握顾客购买动机的方向、强度及购买行为发展趋势。

5.1.2 顾客需要的特点分析

尽管顾客需要是多种多样的,但有一定的趋向性和规律性,概括起来主要有以下六个方面。

1)多样性

多样性是顾客需要最基本的特征。由于顾客性别、年龄、民族、文化程度、职业、收入水平、社会阶层、宗教信仰、所处地理位置、生活方式、个性心理特征等不同,因而在需要的内容、层次、强度和数量方面是千差万别的。这不仅表现为不同顾客之间多种需要的差异上,而且,也表现为同一顾客的需要,以及对某一特定商品或服务的需要是多方面的。

2)层次性

尽管顾客的需要是多种多样,极其复杂的,但具有一定的层次性,可以按照不同的划分方法,将其划分为若干个高低不同的层次。一般是从低层次开始满足,不断向高层次发展。但在特殊情况下,需要的层次顺序也可能变化,即在尚未完全满足低层次需要的情况下,也可能会萌生高层次需要;也可能在高层次需要得到相当程度的满足之后,转而寻求低层次需要的满足。

3)发展性

顾客需要的形成和发展与社会生产及自身情况紧密相关。随着工农业生产的发展和顾客收入水平的不断提高,顾客需要呈现出由低级到高级、由简单到复杂不断向前发展的趋势,顾客需要的发展性,为商业企业提供了更多的营销机会。

4)周期性

顾客需要的满足是相对的。当某些需要得到满足以后,在一定时间内不再产生。但随着时间的推移,已经消退的需要还会出现,并周而复始,呈现出周期性。

但周期性并非一直在低水平上循环,而是在内容、形式上都有所发展和提高。顾客需要的周期性主要由人的生理机制及某些心理机制引起的,并受到自然环境变化周期、商品生命周期和社会时尚变化周期的影响。

5)互补性与互替性

从顾客日常消费的商品的关系看,有些商品是由于不同商品之间的联系补充而构成消费的,使顾客对某些商品的需要呈现出连带性购买。另外,从顾客需要的满足来看,虽然许多商品都可能满足顾客同样的需要,但由于商品功能上的差异,给顾客需要带来的满足程度是不同的,因此,顾客需要具有互替性的特征。

6)伸缩性

需要的伸缩性又称需要弹性。顾客需要是个多变量的函数,受到内、外多种因素的影响和制约,可多可少,可强可弱,具有一定的伸缩性。一般来讲,当客观条件限制了需要的满足时,需要可以抑制、转化、降级;可以停留在某一水平上;也可以以某种可能的方式,同时满足几种不同性质的需要;在特定情况下,也可以放弃其他需要而只满足一种需要。顾客需要的伸缩性既可能是由顾客需求欲望及货币支付能力等内因引起的,也可能是由市场商品供应、企业促销活动、销售服务、价格、储蓄利率等外因引起的。

想一想、练一练

①分析一下顾客需要发展有什么规律?

_____

_____

_____

②以你自己的购物经验,谈谈心理需要对购物行动有什么影响?

_____

_____

_____

5.1.3 激活不同群体顾客需要的心理策略

由于不同年龄段、不同文化背景的心理特点不一样,购买的需要也就不一样,甚至性别不同,购买的兴奋点也不一样。所以,在考虑如何激活顾客的购买心理需要时,应该考虑到不同顾客分类,有针对地进行,才会起到激活顾客心理兴奋点的作用。

1）少年儿童顾客消费心理特征

少年儿童顾客是指1~14岁的未成年人,一般由父母养育和监护,自我意识尚未完全成熟,审美还不成熟,缺乏自我控制力,没有独立的经济能力,在这个时期的购买行为大多由父母引导,他们的购买兴奋点来源于模仿和同伴群体心理的作用。而且各个年龄阶段也不相同,还可分为儿童顾客和少年顾客。

（1）儿童顾客的消费心理特征

儿童顾客是指初生婴儿到10岁的儿童,这期间消费心理变化幅度很大。一是从纯生理性消费需求逐渐发展为带有社会内容的消费需求。儿童的心理发展过程可分为婴儿期、幼儿期和儿童期三个阶段。在婴、幼儿期,他们的消费需要主要体现为父母的需求。随着年龄的增长,他们也有了一些消费需要倾向,从强烈的模仿需求到自我意识不断增强,模仿性消费逐渐被有个性特点的消费所代替。主要表现在:第一,增加个人意识,影响父母的购买决策;第二,选择需要的商品越来越多地受到外界因素的影响,开始朝不自觉地竞争方向发展;第三,逐渐形成了对所接触到的商品,尤其是对儿童商品的评价意识。例如,四五岁的儿童已学会了比较,有的还可以独立地、少量地购买某些商品。

（2）少年顾客的消费心理特征

少年顾客10~14岁的顾客,这个期间是他们心理和生理发展的重要时期,在消费心理方面具有以下三个特征:一是与人攀比。这是少年顾客自我意识发展的显著心理特征。他们主观上认为自己已长大成人,在心理上要求得到与成年人一样平等的地位、权利和义务,反映在消费心理方面,则为不愿受家长束缚,尽量争取自己独立的消费行为,以表现自己的消费个性。同时,喜欢在生活习惯和嗜好等方面与成年人进行比拟。二是独立消费意识逐渐成熟。少年期由于对社会环境的认识不断加深,知识不断丰富,兴趣趋向稳定,有意识的思维与行为增多,特别是抽象思维的发展和鉴别能力的提高,使少年顾客在消费中能够自觉地选择商品,独立分析、鉴别,对某种商品产生较稳定的认识,并逐步形成消费习惯。三是消费观念逐步转向受社会群体的影响。儿童顾客的消费心理主要受家庭的消费影响。少年顾客由于参与集体学习、集体活动,与社会接触的机会增多,受社会环境影响的比重逐渐上升。因此,少年顾客消费观念的形成、消费决策的确定、消费爱好的选择等逐渐从受家庭的影响转向受社会群体的影响。

（3）少年、儿童顾客具有如下购买心理特征

一是购买商品具有依赖性。由于少年、儿童顾客没有独立的经济能力和购买

能力,几乎由父母包办他们的消费行为,所以,在购买商品时具有很强的依赖性。其依赖性与年龄成反比。例如,少年、儿童在购买生活用品时,常由父母决定;在购买学习用品时,则严格按老师的要求做。

二是选购商品具有较强的好奇心。少年、儿童顾客的心理活动水平处于较低阶段,虽然已能进行简单的逻辑思维,但仍以直观、具体的形象思维为主,对商品的注意和兴趣一般是由商品的外观刺激引起的,因此,在选购商品时,有时不是以是否需要为出发点,而是取决于商品是否具有新、奇、特等因素,凡是具备这些特征的商品都能诱发少年、儿童顾客的购买动机。

三是购买目标明确,购买迅速。少年、儿童顾客何时、何地购买何种商品多由父母事先确定,决策的自主权十分有限,因此,购买目标明确。加之少年、儿童顾客缺少商品知识和购买经验,识别、挑选商品的能力不强,所以,营业员拿什么样的商品,往往都不会有异议,购买迅速。

想一想、练一练

根据你对商业心理学知识的学习和理解,你认为超市里应该设儿童商品专柜吗? 为什么?

_____

_____

_____

_____

_____

(4)激活少年、儿童顾客群体的心理策略

研究少年、儿童的心理发展及消费心理特点,目的是为了满足他们不同的心理和物质的需求,刺激他们的购买动机,从而促进少年儿童及其父母的购买行为。针对少年、儿童群体的独特消费心理,我们一般可以采取以下一些心理策略。

①运用商品定位的宣传方法。通过分析儿童、少年的消费心理发展过程发现,儿童、少年的消费心理规律有两种基本情况:一是儿童与少年的消费品由他们自购自用,这类商品多为经常使用的学习用品、小食品、小玩具等低价小商品;二是儿童与少年所用的消费品由他们的家长或其他成年家庭成员购买。这类商品多为服装、鞋帽等价格较高的商品。从这一实际情况出发,为做好儿童、少年消费品的销售工作,必须恰当地进行商品定位才能收到较好效果。一般情况下,凡是儿童、少年自购自用的消费品在商品宣传中要突出新异、趣味等特征,以吸引他们的注意,激发他们的兴趣。而针对由成人引导消费的少年、儿童用品,则突出安全、健康、经

济适用等特点,另外,品位档次也是商品宣传考虑的内容。

儿童、少年的逻辑思维有一定的发展,但具体的形象思维仍起着主要的作用。所以,他们在购买消费品时,仍是较多地从简单、直观的感觉去判断商品的好坏,按照个人某一方面的爱好去概括商品的全貌,为了满足自己的好奇心理和时尚感去确定购买商品。因此,对于儿童、少年自己采购的商品,不论在设计、生产、营销中都要注意充分发挥商品直观形象的作用,科学地激发他们的购买欲望。例如,小学生常用的橡皮有各种形状、颜色和香型,同时使用多种原料,就是为了适应他们的直观性、好奇心理和时尚感的购买心理要求。

②运用多种形式的经营方法。任何儿童、少年用品在销售过程中,要多考虑儿童的好奇心、趣味性等心理特点,运用多种形式进行销售,才能取得好的效果。例如,有奖销售、知识竞赛、才艺展示奖励,商品摆放的趣味特征、销售宣传的儿童语言等,都会刺激他们的购买需要。又如,凡是儿童、少年自购自用的消费品要尽可能运用儿童语言进行接待;相反,凡是成年人为儿童、少年购买消费品,在营销中就要针对成年人对孩子的关怀与慈爱、情感与希望进行接待,才能引起他们的购买欲望。

想一想、练一练

①你认为儿童商品的宣传突破口是针对儿童的需要,还是针对儿童父母的需要?

_____

_____

②你认为激活少年儿童购买心理最有效的策略是什么?

_____

_____

_____

_____

2) 青年顾客消费心理

青年是人生中从少年向中年过渡的阶段,一般是指 15～30 岁的人。他们具有独立的购买能力和较大的购买潜力,是商品销售应该重点研究的消费对象。

(1) 消费心理特征

①追求时尚。青年人思想活跃,富于幻想,勇于创新,渴求新知,追随时代潮流。这些心理特征反映在消费心理方面就是追求新颖、时尚,追赶乃至领导消费潮流,体现时代特征。一般来讲,投放市场的新商品或时尚商品,都会引起青年顾客

的极大兴趣和购买欲望。青年顾客往往是新商品或新的消费方式的追求者、尝试者和推广者。

②突出个性。青年顾客处于少年不成熟阶段向中年成熟阶段的过渡时期。他们追求个性独立，希望形成完善的个性形象，自我意识迅速增强。反映在消费心理上就是消费倾向从不稳定向稳定过渡，能够表现自我个性与追求的消费心理不断增强。因而非常喜欢个性化的商品，有时还往往把所购买的商品同自己的理想、职业、业余爱好、时代追求、性格特征等联系在一起，力求在消费活动中充分表现自我。

（2）青年顾客购买时的行为表现

①崇尚时尚和名牌。青年顾客所具有的追求时尚、新颖，愿意张扬个性的消费心理特征决定了他们在选购商品时，对新品种、新花色、新式样感兴趣，以代表时代新潮流为荣，对旧品种、旧花色、旧式样的商品不太留恋，同样的质量、用途，宁愿多花钱购买名牌商品。

②决策迅速，变化性强。由于青年顾客注重情感，易于冲动，所以，在购买商品时反应灵敏，注意力往往集中在自己特别感兴趣的某个方面，而忽略其他方面，酝酿时间短暂，决策迅速。另外，青年顾客在购买商品时需求对象和需求程度不固定，购买目标变化跨度大，只要认为商品合意，即使预先没有购买计划或是暂没有购买力，也可能会想方设法，迅速作出购买决策。

③对待商品购买态度明朗。青年顾客在购买商品时，往往个性比较分明，不加掩饰，对商品的态度，如喜爱、厌弃、接受、拒绝、肯定和否定等直截了当表达，既明了，又突出，表明自己日趋成熟的独立见解。

想一想、练一练

①你认为要激活青年群体的购买心理，主要应该采取哪些促销策略？

_____

_____

②你认为以青年群体为销售对象的商品在促销宣传中，应该重点突出些什么买点优势？

_____

_____

3）中年顾客消费心理

中年顾客一般是指35岁至退休年龄阶段的人。在我国，中年顾客具有人数众多、负担重、多处于购买商品的决策者位置等特点。因此,了解、把握中年顾客心理特征对商品销售人员来说有重要意义。

(1)消费心理特征

①理智性强,冲动性小。中年顾客阅历广,生活经验丰富,情绪反应一般比较平稳,多以理智支配自己的行动,感情用事的现象不多。他们注重商品的实际效用、价格与外观的统一,从购买欲望形成到实施购买往往是经过分析、比较和判断,随意性较小。

②计划性强,盲目性小。中年顾客处于青年向老年的过渡阶段,大都是家庭经济的主要承担者。尽管他们收入不低,但肩负着赡老扶幼的重任,因此,生活中经济负担重,经济条件的限制,使他们养成了勤俭持家、精打细算的消费习惯,以量入为出为消费原则,消费支出计划性强,很少计划外开支和即兴购买。

③注重传统,创新性小。中年顾客正处于人生的成熟阶段,青年顾客身上的一些特点在他们身上逐渐淡化,他们内心既留恋青年时代的美好岁月,又要作青年的表率,因此,希望以稳重、老练、自尊和富有涵养的风度有别于青年。反映在消费方面,就是不再完全按照自己的兴趣爱好选择商品或消费方式,而是更多地考虑他人的看法,以维护自己的形象,与众人保持一致。

(2)中年顾客购买时的行为表现

①购买过程理智化。由于中年顾客的理智感、计划性、自信心均较强,购物经验丰富,所以,在购买过程中即使遇到别人的介绍、劝诱或其他外界因素的影响,也不会头脑发热,感情用事,而是冷静地进行分析、比较、判断和挑选,使自己的购买行为尽量合理、正确、可行。

②选购商品实用化。在经济条件有限的情况下,中年顾客的节俭心理较强,求实心理较重,在购买过程中,往往格外关注商品的价格及实用性,甚至对与商品价格和实用性有关的因素,如商品的品种、数量、质量、用途、牌号、购买时间、场所等都进行全面衡量后再作选择。一般来讲,物美价廉的商品往往能激发中年顾客的购买动机。

想一想、练一练

请你为超市拟一份激活中年群体购买心理的策划案提纲。

_____

_____

_____

_____

4）老年顾客消费心理

老年顾客一般是指年龄在 60 岁以上的人，随着社会生活环境的改善和卫生、保健事业的发展，世界人口出现老龄化趋势，老年人在社会总人口中所占的比例不断增加。老年顾客在生理上和心理上同中青年顾客相比都发生了明显的变化，因此，有必要对老年顾客的消费心理及购买心理特征进行研究。

（1）消费心理特征表现

①怀旧心理强烈，品牌忠诚度高。老年顾客在几十年的消费实践中，积累了极其丰富的经验，对某些商品印象非常深刻，形成了反复购买使用的习惯，且不易改变，品牌忠诚度高。另外，老年顾客总是留恋过去的生活方式，情感很难转移，外界刺激很难改变这种情况，对消费有一定的怀旧心理。

②注重实际，要求得到良好的服务。老年顾客心理稳定程度高，其消费已不像青年人那样富于幻想，重视情感，购买动机形成与否常取决于这些商品给他们带来的方便与舒适程度。同时，也特别关心商品的质量，使用性能以及携带是否方便等。另外，老年顾客各器官的生理机能都有所下降，所以，他们总希望购买场所交通方便，商品标价和商品说明清晰明了，商品陈列位置和高度适当，便于挑选，购买手续简便，服务热情、耐心、周到。

③需求结构发生变化。随着生理机能的衰退，老年顾客的需求结构发生变化，用于食品医疗保健用品的支出增加，只要某种食品、医疗保健用品对健康有利，价格一般不会成为老年顾客的购买障碍。同时，老年人用于穿着和用品方面的支出相对减少，对满足于旧的嗜好和兴趣的商品的支出有所增加。

④较强的补偿性消费心理。在子女已成家立业，没有过多的经济负担之后，部分老年顾客产生了较强的补偿性消费心理，在美容美发、衣着打扮、营养食品、健身娱乐、旅游观光等商品的消费方面，有着与青年顾客类似的强烈的消费兴趣，以补

偿那些过去未能实现的消费愿望。

（2）老年顾客购买时的行为表现

①心理惯性强。老年顾客的购买欲望和行为往往受生活习惯的支配,对市场上的新商品趋于保守,相信传统商品,在购买商品时总是不假思索地按照习惯行事,很难被营销人员所诱导。

②防范意识明显。老年顾客虽然消费经验十分丰富,但由于生理和心理机能衰退,对于假冒伪劣商品及欺骗性的经营手段的判断,识别能力下降,容易上当受骗,蒙受经济损失。因此,他们在购买商品时顾虑心较重,防范意识强烈。

③自尊感强烈。老年顾客在社会上和家庭里属于长者,阅历广、辈分高,他们既自尊,又希望得到别人的尊重。因此,他们在购买商品时,总喜欢受到营销人员的尊重和礼遇,害怕受到冷落。营销人员在接待老年顾客及介绍商品时,若能做到积极、主动、热情、耐心、周到,老年顾客就非常高兴,并赢得其信任。

想一想、练一练

①你认为老年顾客在商品购买活动中,最大的心理需求是什么?

_____

_____

_____

②你认为应对老年顾客的心理需求,商品销售应有哪些策略?

_____

_____

_____

_____

5）男性顾客消费心理

（1）男性的消费特点

①注重质量和实用。男性购买行为比女性更理智,他们不易受广告和其他促销手段的影响,非常看中商品的质量,只要对质量满意,价格方面往往不会斤斤计较;如果质量不好,或没有什么用处的商品,即使价格再便宜,一般也难以使他们心动。

②购买目的明确、决策果断。男性顾客购物时往往都有明确的目标,他们进商场后就直奔目标而去。碰上符合心理要求的目标能果断决策,将购买愿望转化为购买行为。

③购买时力求方便、快捷。一般男性顾客很少逛商店，即使到商店也很少像女性顾客那样，问一问这种商品，摸一摸那种商品。一旦他们遇到自己所需要的商品，就迅速购买，并尽快离店。他们对商家出售商品时的种种麻烦手续和拖延时间的作风十分反感。男性顾客这种力求方便、快捷的心理，在购买普通的日常生活用品时表现得尤为突出。

（2）男性用品市场心理

男性用品的市场覆盖率低于女性用品，男性用品虽然在数量和种类上逊于女性用品，但并不意味着男性用品的利润就低于女性用品的利润。因为，男性不同于女性的消费心理特点，男性商品虽少而精、虽少而贵（重），男性生意一旦做成，往往利润相当可观。

①喜欢代表权力和地位的产品。男性往往对能显示其权力和地位的商品情有独钟，这也是他们注重商品质量的原因之一。男性的这种消费心理主要与男性的社会角色和社会期望有关。长期以来，男性是社会的统治者，他们占据了社会或一个国家中绝大部分的重要职位和高级职务，人们也常以男性的职务和地位来评价其价值的大小。传统轿车广告宣传中就比较注重权力意识的渲染，这是因为轿车的消费对象主要是男性。也有一些广告通过对商品权力色彩的宣传来打开男性消费通道，如"帝王表"。

男性往往喜欢代表权力和地位的商品

②喜爱一些特殊的消费品。男性一般喜欢运动、政治和思考，因而有关体育运动、政治动态、科技发展等的新闻报道、书籍和刊物更是男性的兴趣之所在。所以，男性用品的广告若能在这些节目或刊物中登出，收效自然会更大。

③喜爱科技含量高的消费品。男性多为家庭大件消费品的决策者。他们在购买电视、电脑、录像机、照相机等高科技产品时，一般特别在行，非常了解其性能、特点。因而，家庭在选购这类耐用消费品时，多以男性为主。

6) 女性顾客消费心理

商品销售界有一个说法:现在最好赚的是女人和小孩子的钱。而小孩子的消费大多由母亲主导完成,所以最终的结论是:最容易赚的是女人的钱。那么,女性在商品购买活动中,到底有些什么样的心理特征呢?

(1) 女性的消费特点

① 追流行、赶潮流。爱美之心人皆有之,尤其是女性顾客更加希望自己和家人生活得更好。现代女性往往处于家庭的主导地位,购买权力较大,加上他们自身不断完善,与社会交往机会增多,先天具有细腻虚荣的情感,能及时地观察到市场的流行趋势。其消费心理表现为:对流行趋势异常敏感,消费时代气息较浓。

② 求实惠、求合理。随着年龄增长,作为家庭主妇的中年妇女在购物时,其消费心理表现为:更加注重以商品实用性价值衡量商品。她们上有老、下有小,担负起全家的购物责任,操持着全家人的衣、食、住、行,消费心理多以能否满足生活的实际需要为前提,购物行为逐渐追求实惠。中年女性比较成熟的心理决定了她们的消费行为趋于合理性、整体性。她们一般量力而行,不超出计划消费。

③ 重外观、求情感。与男性相比,女性的行为常表现出社会情感性。女性在购买商品时,具有较强的注重商品外观形象、追求情感满足的心理。她们大多凭直觉判断商品的优劣,易在外界因素或情感的支配和作用下,临时产生购买欲望或对某种商品的偏爱。妇女的这种消费心理特征在为丈夫、子女等家人购物时表现得非常突出,往往脱离商品的基本功能,更加倾向于受商品的情感功能的影响,往往以购物表达对亲人的情爱。

④ 具有较强的自我意识与自尊心。女性的自我意识比较强,对外界反应敏感。她们在选购商品时,往往以自我为中心,同时,女性强烈的自尊心在购物时也表现出来,她们往往认为自己所购买的商品符合社会潮流,渴望得到他人的认可或赞扬。因此,购买商品价格的高低、款式、质量、色泽等变化都可能引起她们的心理反应,别人对她们购买商品的评价也会影响其自尊心。

(2) 女性用品市场心理

① 女性顾客是一个潜力极大的广阔市场。在消费活动中有较大影响的是中青年妇女,即 20 ~ 55 岁这一年龄段的女性,约占人口总数的 21%。女性顾客不仅数量大,而且在购买活动中起着特别重要的作用。她们不仅对自己所需的消费品进行购买决策,在家庭中,由于她们承担了母亲、女儿、妻子、主妇等多种角色,因此,也是绝大多数儿童用品、老人用品、男性用品、家庭日用品的购买者。

② 女性顾客的购买对象以包装商品和软性商品占多数。包装商品,是指装于

女性消费品

容器内的商品。对这些商品,不必详细说明商品的性能,购买者往往凭借消费习惯、品牌印象购买,且购买量大,冲动性购买高于计划性购买。这时,商品的知名度、特征非常重要。软性商品,是指带有流行性、装饰性的商品,如布料、服装、鞋帽、化妆品等。对于这类商品,女性顾客的心理因素与商品的设计特色是她们萌生购买动机的主要原因。

③女性顾客对购买的商品较为挑剔。由于女性消费品品种繁多而且需求弹性较大,顾客的购物态度又非常细腻、认真。所以,对商品的挑剔程度较男性大多了。因此,女性消费品给生产厂家带来的竞争环境更苛刻。但同时,女性的表达能力、感染能力、传播能力都很强,因此,若某企业争取到一个忠实的女性顾客,就可以影响到周围许多人,从而扩大该企业的商品销售。

想一想、练一练

把你的想法拿出来让大家分享:

通过对男性顾客和女性顾客需求的比较,你认为男性顾客购物心理需求应该怎样激发? 女性顾客购物心理需求应该怎样激活?

_____

_____

_____

_____

_____

5.2　开发顾客购买心理兴趣

5.2.1　顾客兴趣概述

兴趣是人对于客观事物特殊的认识倾向,是指人们在认识事物过程中带有稳定的指向和趋向,并能保持较长的时间。当一个人主动去认识某一事物时,就能尽全力观察、研究它,并努力发现其中之解、之谜,就表明他对这一事物产生了兴趣。如果是因为某种事物本身的特点引起的,偶尔、暂时出现的对事物的认识,则不能视为个人兴趣的表现。例如,有的顾客对某种商品并不了解,但是这种商品的包装特别华丽动人,或定价较低,或者在朋友的鼓动下,也会采取购买行动,这就不能说明他对该种商品具有兴趣。

兴趣是与人的需要紧密相连的,兴趣是在需要的基础上产生和发展的,兴趣的对象也是需要的对象。在生理性低层次需要的基础上产生的兴趣具有暂时性。一个饥饿难耐的人,对食物有着强烈的兴趣,当他饱餐一顿,他对食物的兴趣也会随之减弱或消失。只有建立在精神性高层次需要的基础上产生的兴趣,才有可能成为较持久的兴趣。

心理学家赫斯发现,读书入迷的人和对某事物显示出强烈兴趣的人的瞳孔都会放大,因而他认为瞳孔是心灵的窗户,据说优秀的导购员看到顾客瞳孔放大时就会使劲劝他买东西。但我们并非心理学家或是读通心术的专家,不可能非常准确地看穿顾客的心理,但通过观察顾客的态度与动作,再来联想其心理状态是否处于"兴趣"与"联想"之间,这样可能是较好的方法,同时通过分析顾客对家具产生兴趣的原因,从而找到沟通的共鸣点,以打破顾客的防范心理进行有成效的沟通。

小链接

顾客兴趣特点具体表现在四个方面

①倾向性。倾向性是指兴趣指向的客观事物的具体内容和对象。例如,有的男顾客对家电产品有浓厚的兴趣,而有的女顾客则对床上用品有强烈的兴趣。

②广泛性。广泛性是指人的兴趣所向的客观事物范围的大小。例如,有些人对新事物非常敏感,对什么事都感兴趣,其兴趣范围就宽;而有些只对关系到自己的一些事情感兴趣,其兴趣范围就窄。兴趣广泛的顾客,信息灵敏,对各种新产品极易产生强烈兴趣。

③稳定性。稳定性指兴趣在不同的人身上所持续的时间的长短。有的人兴趣极多,但不持久;而有的人兴趣则相当稳定,能够长期稳定地指向某种事物或某项活动。

④效能性。效能性是指兴趣对主体活动产生的效果大小。有的人对某一事物发生兴趣后,能迅速采取行动,使兴趣发展为爱好并取得一定的效果;而有的人的兴趣总是处在对未来的期待之中,行动迟缓,不能产生实际效果,也叫无效兴趣。

5.2.2 兴趣对顾客行为的影响

兴趣对充实人的现实生活具有极大推动作用。它不仅能反映人的心理特点，还会对人的行为发生重大影响。在商业销售活动中，兴趣对促进顾客的购买行为具有明显的影响力。其表现如下：

1）兴趣有助于顾客为未来的消费活动作准备

顾客如果对某种商品产生兴趣时，就会积极关注这种商品的新动态、新信息，进而查阅资料，积累有关该种商品的知识，为未来的购买动机做好准备工作。例如，有的顾客对数码电视机发生了兴趣，就会主动收集、咨询这种电视机的相关资料及发展动态，为未来购买做好准备。

2）兴趣能促使顾客作出购买决定

顾客在选购自己感兴趣的商品时，能够心情愉悦，精力集中。因为对本商品作了前期准备，很快就能熟知商品，易于作出购买决定，完成购买任务。

3）兴趣有助于刺激顾客重复购买和长期使用

顾客对某种商品产生持久的兴趣，就会形成一种偏好，促使他长期地、习惯地使用这种商品，甚至重复、长期地购买，或大量购买，以防脱销。例如，有些顾客长期使用同一品牌牙膏、洗衣粉，还有的顾客长期饮用某一品牌的啤酒等。

4）兴趣的个体差异影响顾客的消费倾向

在商品销售过程中，我们发现由于顾客的兴趣广度与深度有所差异，因而对商品款式、时尚、适用性等方面的喜好、追求也有所不同。例如，同事之间议论、评价某某商品如何好，立即有人产生购买欲望，急于购买；而当有人提出异议时，兴趣很快消失或变化。

5）兴趣的变化促使顾客消费倾向的变化

顾客兴趣的形成与发展受整个社会生活、科技发展和自身知识、素质的影响很大，并且随着时代的发展而变化。这是一种社会文明进步的特征，这种兴趣的不断发展变化，促使商品经济快速发展，市场日益活跃，人民生活其乐无穷。留心观察市场经营活动，我们会感受到顾客对某种商品发生兴趣时，总是带着喜悦、兴奋、满意等情感相随，其语言、神态及购买行动极易察觉。因此，善于观察顾客对商品特殊的认识倾向，揣摩顾客心理，这是商业企业提高经营水平的重要环节。

案例赏析

巧设话题,激起兴趣

[经典回放]某地毯促销员对顾客说:"每天只花一角六分钱就可以使您的卧室铺上地毯。"顾客对此感到纳闷,很感兴趣听下去,推销员接着讲道:"您的卧室12平方米,我们销售的地毯价格每平方米为24.8元,这样需297.6元。而这个品牌的地毯预计最低可用5年,每年365天,这样平均每天的花费只有一角六分钱。"推销员制造惊奇的气氛,引起顾客的兴趣,然后很顺利地激起了顾客购买的动机和欲望,最后顺利成交。

[画龙点睛]兴趣是一切活动的开始,商业交易活动也不例外,只要激起浓厚的兴趣,商业交易行为也就成功了一大半!

所以,在现场促销中要坚决杜绝唱独角戏,那样不仅枯燥乏味,更会令信息交流不畅,现场促销人员要积极主动为消费者讲解产品用途及功能,传达活动内容等信息,把产品的特征详细的介绍给顾客。能够诱导顾客提出各种各样的疑问是活动良性开展的表现,只有通过互动式的有问有答,能够调动更多消费者的兴趣,并引导其深入发展,可以将一个无动机顾客转变为一个潜在客户。往往最初顾客会问一些比较简单的问题,如"这是个什么东西""它可以做什么用""怎么用呢",当简单问题被一一详细解答后,也就意味着消费者对产品越熟悉印象越深刻了,而诸如"卖多少钱""在哪里可以买得到"的问题则意味着潜在顾客有望形成。

5.3 顾客购买动机的激发

5.3.1 顾客购买动机的概述

1)动机是什么

你明明热爱美食,却为了减肥而忍受不吃晚餐的痛苦;游乐园里的过山车惊险得让人发疯,但人们依然排成长龙等待着体验惊险一刻;他工作的企业很不错,却频频跳槽,大家都不懂这是为什么。

以上几个问题有什么共同点?可以看到,当人有一个确定的目标时,他可以忍受痛苦,可以不怕危险,可以忽略谣言去努力达到目标。而促使人们这么做的最根本的力量,就是动机。动机是所有人类行为的推动力。准确地说,动机是促使行为朝向某一目标事物前进的内驱力或激发力。

从动机的概念中我们可以知道它有两个组成部分：①内驱力或激发力。②目标事物。由于需要缺乏而在有机体内部产生的紧张驱务状态就是内驱力。内驱力概念最早源自坎农的躯体平衡理论：有机体有一种维持其生理需求最佳水平的倾向，是一种自动调节的过程。某种生理状态一旦偏离了最佳状态，有机体就要力求恢复。比如说，你这次考试成绩不理想，那么你肯定会有压力。无论这种压力来自何方(也许是父母，也许是你的自尊)，你都会更加努力地学习，期望下次考试能有个好成绩。在这个事件中，你成绩的不理想使你产生一种紧张感，为了从这种不舒服的感觉中脱离出来，你就会开始努力学习，提高成绩。

目标事物是存在于外部世界的一种事物，拥有这种事物可以降低人们内心的紧张感。在刚才的例子中，你的目标事物就是你下次要取得好成绩。

小链接

网络使用的动机

研究者 Pradeep K. Korgaonkar 和 Lori D. Wolin 利用三种指标对网络用户的动机进行了研究。这三种指标分别是：①每天上网的时间；②为公事和私事上网分别占总上网时间的百分比；③通过网络进行购买的几率，也就是在一年中通过网络进行购买的次数。研究列出了一些网络使用的动机，这些动机之间呈正相关的关系，如上网时间与网上购买，上网的时间越多，在网上买东西的可能性就会越大。下面列出了研究者认为影响人们上网的几种主要动机。

● 逃避社会的动机：逃避现实，缓解日常生活的枯燥、压力和孤独；
● 信息动机：利用网络查找信息，进行自我教育；
● 互动控制动机：利用网络的互动性来控制、定制其自身在媒体上的经历，使其个性化；
● 社交动机：通过电子邮件、聊天室和虚拟社区使人际交往活动更加方便；
● 经济性动机：购物的动机，即省钱。

2) 购买动机的概念

购买动机是直接驱使顾客实行某种购买活动的一种内部动力，反映了顾客在心理、精神和感情上的需求，实质上是顾客为达到需求采取购买行为的推动者。

顾客动机理论要研究的中心问题，是顾客行为中的"为什么"问题。例如，顾客为什么需求某种商品或劳务？为什么从多种商品中选购了某种牌号的商品？为什么顾客对商品广告有截然不同的态度？为什么顾客经常惠顾某些零售商店？等等。回答顾客行为的为什么的问题,是最重要、最中心的问题,也是最难理解、最难于调查的。这个问题解决了,顾客动机的根源就找到了。同时,对顾客行为现象的解释和说明也就有了坚实的基础。顾客购买动机的研究,主要围绕三方面问题而展开:第一,顾客被激发的个人内在能量问题,也就是顾客的个人内在能量、行为的源泉是怎样产生的?第二,顾客反应的目标定向问题,也就是顾客从许多具有不同性质的行为中选择什么?第三,顾客行为系统定向问题,也就是顾客的行为是怎样维持的?

3)购买动机的形成

顾客购买动机的形成主要有两个因素:一是需要。顾客的购买动机,就是顾客对某种商品或劳务的需要产生的一种内心冲动。如果顾客对高档家电产品,如空调、投影电视等没有心理上的需要,就不可能有购买欲望和动机。因此,顾客的购买动机是建立在消费需要的基础上,它受需要的制约和支配。二是刺激。这是产生消费动机不可缺少的条件。刺激来自个体的内部或外部。例如,人饥饿,造成身体的不适。难受或紧张,这就是一种刺激,于是便产生了需要进食的动机。又如,某位顾客收到了异性朋友的邀请,刺激他产生了购买一件时装的动机。

4)购买动机的特点

(1)迫切性

购买动机的迫切性是由顾客的高强度需求引起的。例如,有人对骑自行车本身不感兴趣,但搬到新家后,上班远了,乘车又不方便,看到邻居骑车上下班很方便,就会产生迫切需要一辆自行车的想法。

(2)内隐性

指顾客出于某种原因而不愿让别人知道自己真正的购买动机的心理特点。例如,某些尚未用上电的农村,一些姑娘结婚时,非要让男方买电视机,美其名曰以后使用,实质上其真正的购买动机可能是为了显示自己的身价及其富有程度,满足自己的虚荣心。

(3)可变性

在顾客的诸多消费需求中,往往只有一种需求占主导地位(即优势消费需求),同时还具有许多辅助的需求。当外部条件变化时,占主导地位的消费需求将会产生主导动机,辅助性的需求将会引起辅助性动机。主导性的动机能引起优先购买行为。一旦顾客的优先购买行为实现,优势消费需求得到满足,或者顾客在购买决策过程或购买过程中出现新的刺激,原来的辅助性购买动机便可能转化为主导性的购买动机。

（4）模糊性

研究表明,引起顾客购买活动的动机有几百种,其中最普遍的是多种动机的组合作用。有些是顾客意识到的动机,有些则处于潜意识状态。这往往表现在一些顾客自己也不清楚自己购买某种商品到底是为了什么。这主要是由于人们动机的复杂性、多层次和多变性等造成的。

（5）矛盾性

当个体同时存在两种以上消费需求,且两种需求互相抵触,不可兼得时,内心就会出现矛盾。这里人们常常采用"两利相权取其重,两害相权取其轻"的原则来解决矛盾。只有当顾客面临两个同时具有吸引力或排斥力的需求目标而又必须选择其一时,才会产生遗憾的感觉。

5）影响购买动机的因素

（1）主观因素

①年龄。顾客购买产品不仅要购买一件有形的物品,而且要获得欲望的满足。由于顾客年龄的差异,对各种市场产品的欲望与要求也不同。在企业营销活动过程中,可根据顾客的年龄结构,把市场分为婴儿市场、儿童市场、青年及少年市场、中年市场、老年市场等。各市场对消费品的需求各有特征,如青少年市场对文教体育用品的需求较大,老年市场对保健药品的需求量较大等。

②性别。顾客性别的差异,也直接影响了顾客的消费需求。不同性别的商品需求差别也是很大的,而且也影响着商品市场的发展趋向。

③文化程度和职业。文化程度和职业与顾客的收入、社交、居住环境及顾客的消费习惯有着密切的关系。文化程度高的顾客对文教用品及精神生活方面的用品需求量较大,购买产品的理性程度也较高。反之,消费量就较少,理性购买程度较低。

④家庭户数与家庭人口数。家庭人口结构也影响着商品市场,对一些特定商品来说,家庭的结构和人数对它的制约特别大,有的商品完全受家庭人口数的制约,家庭的人口数量控制它的销售市场。

（2）文化因素

①消费习俗。消费习俗受地方文化的影响,主要包括人们的信仰、饮食、婚丧、节日、服饰等物质与精神的消费习俗。

②宗教信仰。宗教信仰对人们消费动机与行为的影响表现出模式化的特点。

③道德规范。道德是一定社会调整人们之间及个人与社会之间关系的行为规范的总和。比如,西方人比较注重个人价值、个人需要、个人地位、个人意志,而我国的人民则考虑家庭的、风俗的及社会的标准与效果,希望自己的行为被别人和社会认可。"和谐""友善""求同"是我国人民消费行为的三大表现。

④价值观念。一辆轻骑摩托车,有的人觉得骑上它精神抖擞,神气十足;有的人则觉得既发噪音又危险;有的人感到需要迫切;有的人感到可有可无;还有部分人则感觉根本不需要。

⑤审美观念。审美观念在消费活动中对顾客购买动机和行为的影响主要表现在人们对形式美、环境美、健康美等的追求。实质上,顾客在市场挑选、购买商品的过程,就是一次完整的审美活动。这个审美活动的全过程,完全是由顾客的审美观念来支配的。顾客个体的审美活动表面上看起来纯属是个体的行为,但实质上反映了一个时代、一个社会人们共同的审美观念和审美趋势。商品生产者和销售者应把顾客对商品的评价作为反馈信息,使商品的艺术功能与经营场所的整体效果结合起来,更好地满足顾客的审美欲求,引发顾客的购买动机,促使其采取购买行为。

(3)社会群体因素

①社会阶层。社会阶层是由具有相似的社会经济地位、得益、价值观和兴趣的人组成的群体或集团。常见的社会阶层分层标准主要有职业地位、收入状况、教育程度、权力大小、家庭背景、居住区位等。不同阶层人们的经济状况、价值观念、兴趣爱好均有差异。在消费活动中,他们对一些商品、品牌、商店、闲暇活动、大众传播媒介等都有各自的偏好,生活方式、消费方式各异。

②相关群体。相关群体又分直接相关群体和间接相关群体。

直接相关群体是影响人的购买行为的重要因素,因为在人们的生活中,直接相关群体会起到潜移默化的影响,如家庭的影响。家庭对顾客行为有着决定性影响,是顾客最基本的相关群体。不同的家庭对购买行为的影响是不同的,但不论何种类型的家庭对顾客行为的影响都集中在购买决策上。

顾客作为一名家庭成员,在购买决策过程中通常扮演的角色主要有:发动者、影响者、决策者、购买者、使用者。在这五种角色当中,最重要的是决策者。这五种角色对企业进行营销活动有着极大的作用。另外,还有亲戚、朋友、同学、同事和邻居等,都会影响到个体的消费习惯和消费水平。

间接相关群体也对个体的消费行为有很大的影响。什么是间接相关群体呢?间接相关群体是指与顾客接触不太密切或根本无接触,但对顾客行为有一定影响的个人或组织。

现实生活中,有很多人都把影坛、体坛、歌坛当做偶像来崇拜,这种情况在青少年中更甚。他们出于对明星的仰慕,经常去刻意模仿明星们的行为,"李宁服""幸子衫"的畅销就是很好的例子。正是由于这种原因,名人、影星、歌星代言人才有如此大的市场。

5.3.2 顾客购买动机的类型

1)顾客的一般性购买动机

由于顾客需要的多样性,顾客购买动机类型也是多样,可从不同的角度进行分类。这里简要介绍生理性购买动机、心理性购买动机和常见的顾客购买动机。

(1)生理性购买动机

生理因素是引起顾客生理性购买动机的根源。顾客为了维持和延续生命,都有解除饥渴,寻求安全,御寒消热,组织家庭延续后代,增强体质和智能等生理性需要,这样会产生满足生理性需要的购买动机,即生理性购买动机。在这类动机驱使下的顾客购买行为的个体差异较小,具有普遍、明显、简单、稳定、重复等特点,也比较容易实现。

(2)心理性购买动机

顾客个体心理因素是引起心理性购买动机的根源。顾客为了满足和维持社会生活,进行社会性生产和社会交际,在社会实践中实现自身价值等社会性需要和精神需要而产生的各种购买动机,被称为心理性购买动机。这类动机,个体之间实现的途径,满足的程度上有较大的差异,具有深刻、隐蔽、多样化的特点,市场上常见顾客通过选购商品,追求知识、美感、友谊、爱情、尊重、自我完善等,就是心理动机的体现。

2)顾客具体的购买动机

在实际购买活动中,顾客购买商品或劳务的心理活动是非常复杂的,因而形成了形形色色的具体的购买动机。深入研究顾客具体的购买动机,有助于商业企业掌握顾客购买行为的内在规律性,并采取有利措施加以引导。

(1)求实购买动机

所谓求实购买动机是以追求商品或劳务的使用价值为主要目的的购买动机。它是顾客中最有普遍性、代表性的购买动机。具有这种购买动机的顾客特别注重商品的实际效用、功能和质量,讲求经济实惠和经久耐用,而不大注意商品的外观。

（2）求新购买动机

所谓求新购买动机是以追求商品的新颖、奇特、时尚为主要目标的购买动机。具有这种购买动机的顾客特别重视商品的款式、颜色、造型是否符合时尚或与众不同，而不大注意商品的实用程度和价格高低。

（3）求美购买动机

所谓求美购买动机是以追求商品的艺术价值和欣赏价值为主要目标的购买动机。具有这种购买动机的顾客特别重视商品本身的色彩美、造型美、艺术美，以及对人体的美化作用，对环境的装饰作用，对人的精神生活的陶冶作用，而对商品本身的实用价值不太重视。

（4）求名购买动机

所谓求名购买动机是以追求名牌商品、高档商品或仰慕某种传统商品的名望，借以显示自己的地位和威望为主要目的的购买动机。具有这种购买动机的顾客特别重视商品的商标、牌名、档次及象征意义，而不太注重商品的使用价值。

（5）求廉购买动机

所谓求廉购买动机是以追求商品价格低廉，希望以较少货币支出获得较多物质利益为主要目的的购买动机。具有这种购买动机的顾客特别重视商品的价格，对价格的变化格外敏感，对处理价、优惠价、特价、折价的商品特别感兴趣。求廉购买动机是一种较为普遍的购买动机。

（6）自我表现购买动机

所谓自我表现购买动机是以显示自己的身份、地位、威望和财富为主要目的的购买动机。其核心是"自我表现"，或者是"显名"和"炫耀"。具有这种购买动机的顾客特别重视商品的影响和象征意义，以显示其富裕的生活、特殊的地位、超群的能力。

（7）好胜购买动机

所谓好胜购买动机是以争强斗胜或与他人攀比并胜过他人为主要目标的购买动机。其核心是"争赢""摆阔"。具有这种购买动机的顾客并不是为了满足某种急切的需要才购买某种商品，而是为了赶上并超过他人，达到心理上的平衡和满足。

（8）惠顾性购买动机

所谓惠顾性购买动机是以表示信任、感谢为主要目的的购买动机。顾客由于某些原因对特定商店、特定商品品牌，或对某些营销人员产生特殊的好感，信任备至,从而习惯地、重复地光顾某一商店,或反复地习惯购买某一品牌的商品,成为企业最忠实的支持者。

(9)从众购买动机

所谓从众购买动机是指受众多顾客购买行为行动影响,而盲目形成的跟随性购买动机。具有这种购买动机的顾客并没有急迫的具体需要,而是由于别人的购买行为带动而形成购买动机。

(10)储备购买动机

所谓储备购买动机是以储备商品的价值或使用价值为主要目的的购买动机。当货币贬值或市场商品供不应求时,顾客往往会产生这种购买动机。

(11)求便购买动机

所谓求便购买动机是指顾客为了减少体力与心理上的支出而出现的购买动机。求得方便的购买动机可以分为三种:一是商品可以减少或减轻顾客的劳动强度,节省体力,如家庭装修、家庭服务、家庭运输等;二是商品具有一些方便顾客的劳动强度,减少操作使用中的麻烦,如电饭锅、方便面、各种电器上的遥控装置等;三是可以方便顾客的购买,减少购买过程的麻烦,如购物距离近、购物时间正符合顾客的购物时间安排,以及送货上门服务、个人直销服务、电话直销服务、电话订货服务等。

(12)求健康购买动机

所谓求健康的购买动机是指为确保身心健康而购买大量的健康商品的动机。这些商品包括医药品、保健品及健身用品。医药品作为治疗疾病的一类商品,是一个极具发展潜力的市场;保健品的市场不像医药品市场那么监管严格,顾客可以自由地购买到这些商品,并且使用起来也比较方便;健身用品市场的发展越来越快,健身商品及品种将日趋丰富和完善。

(13)求安全购买动机

所谓求安全购买动机是指为了人身与家庭财产的安全,顾客需要购买相应的商品以防止具有危害性的事情发生,比如购买防护性的用品和保险服务等。此外,在使用商品的过程中,希望商品的性能安全可靠,如电器商品的绝缘性能好、全自动的燃气灶具密闭性能好等购买动机。

(14)纪念性购买动机

所谓纪念性购买动机是指为了记下当时的气氛、记住当时的情景、留下回忆等产生的购买动机。这种动机对人们的生活意义重大,它延长了人们精神生活的空间,尤其是那些美好的纪念增添了人们乐观生活的情趣。如各种纪念照的拍摄服务、纪念品的销售,再如结婚纪念照、纪实摄影、录像服务,生日、节日、假日纪念礼品的销售等。

（15）馈赠购买动机

所谓馈赠的购买动机是指顾客购买的商品不是为了自己消费而是为了馈赠他人,这种现象在人情观念浓重的中国十分普遍。馈赠的目的是为了表达一种情感、增进双方的友谊,或为了纪念一件事情,或出于一种风俗习惯,或为了某种利益的交换等,因此馈赠商品时人们挑选和购买的标准是各不相同的。

（16）补偿性购买动机

所谓补偿性购买动机是指由于有些购买动机不能转化为现实的购买行为,经过较长的时间并且顾客具备了相应的条件后才出现的购买动机。当正常的购买动机出现之后,部分动机因购买商品而得到实现,而另一部分购买动机是被顾客本人压抑着,不能很快地实现甚至不能得以实现。当经过一段时间后,顾客才可以实现这些购买动机。因此,这种购买动机具有补偿性。

上述购买动机只是现实购买活动中常见的购买动机。顾客具体的购买动机是极其复杂的,难以一一列举。在商业经营活动中,不仅要掌握其共性,而且要因时因地了解不同顾客特殊的购买动机,增强企业经营活动的针对性。

案例赏析

给鞋子取名儿

[经典回放]美国麦尔·休·高浦勒斯制鞋公司经过市场了解发现,在美国市场,人们购买鞋子的目光已不仅仅停留在"质优价廉"上,更多的是需求能体现和寄托顾客自我情绪的个性、情感型产品。于是,该公司设计人员便发挥想象力,给鞋子取出具有个性特色的名字,力求设计出能激发人们购买欲望,引起感情共鸣的鞋子,他们有意赋予鞋子以不同个性的情感色彩,如"男性情感""女性情感""优雅感""野性感""轻盈感""年轻感"等。此外,他们还费尽心机地给鞋起了一个个稀奇古怪的名字,如"笑""哭""愤""怒""爱情"等,充分满足顾客的情感需求,同时高浦勒斯公司也创造了巨额利润。

[画龙点睛]激起顾客个体兴趣是引起心理性购买动机的根源。

想一想、练一练

让大家分享:以少年学生为营销对象,请你为一种信笺做一个营销策划的建议。

5.3.3　顾客购买动机激发策略

通过销售人员对商品的展示和介绍,有些顾客会产生较强的兴趣,引发积极的消费联想,推动购买活动。还有的顾客不能作出果断的购买决定,对这类顾客,销售人员要进行合理的诱导,刺激其购买欲望。对顾客的诱导要遵守商业道德,实事求是,以尊重顾客为前提,要掌握尺度,防止顾客产生防骗的自我保护心理。诱导顾客的方法有以下三种:

1)验证实效性诱导

在销售活动中,销售人员使用商品或使商品处于某种状态,以验证商品的效用及特性。如销售吸尘器可在销售中演示吸尘效果,销售电视机使电视机处于使用状态,销售服装鞋帽可让顾客去试。这样可使顾客产生较全面的感知,容易使顾客购买兴趣得到激发。另外,销售人员还可以向顾客间接提供消费效果的证据来诱导顾客。例如,可通过语言向顾客提供商品的有关信息,介绍商品品牌的知名度、产品的销量、商品的获奖信息、售后服务等,以此来诱导顾客。销售人员也可以用语言比较专业地介绍商品的内在信息,如产品的理念、生产工艺、功能效用、科技含量等,引导顾客对商品产生好感。

2)建议性诱导

销售人员,在顾客对商品产生兴趣,但又对种类繁多的某一商品无所适从,不能作出选择决策时,要站在顾客的立场上为其提出建议,诱导其购买。销售人员在为顾客提建议时应在了解其购买需求的前提下进行,如对虚荣心较重的顾客建议购买名牌产品,对求廉的顾客建议购买物美价廉的商品,对追求标新立异的顾客建议购买新产品,对求实惠的顾客建议购买大包装商品等。

3)转化性诱导

顾客在对商品的认知过程中,可能会产生一些消极的反应。为促成购买,销售人员就要对这些消极的反应进行转化性诱导。诱导时,销售人员要找到顾客产生消极反应的原因,运用转化性诱导策略使其转化。例如,对顾客的意见给以肯定和同情,在尊重他的前提下,婉言陈述自己的意见,促使其态度转化,也可用语言引导顾客把注意转移到对商品满意的方面来,以此削弱其不满。

5.4 商品促销心理策略

5.4.1 促销的方式及特点

1)促销

顾名思义,促销就是促进销售,是指企业运用人员和非人员方式将企业产品、服务或企业各方面的信息传递给顾客,并以此引起顾客的注意,激发其购买的欲望,从而实现交换行为的各种市场活动。简言之,促销就是企业为诱导目标顾客接受其产品、服务和形象所进行的诉求、说服等沟通活动和努力的过程。

小链接

理解促销含义要把握的几个要点

(1)促销的主体:企业;

(2)促销的客体:产品、服务和企业形象;

(3)促销的对象:目标顾客;

(4)促销的实质:信息沟通;

(5)促销的基本特征:诉求与说服;

(6)促销的基本方式:人员推销、广告促销、营业推广、公关宣传。

2)促销方式的特点

(1)人员推销

指企业聘用的推销人员用口头交谈的方式,向目标顾客就企业的产品或服务进行介绍、宣传与推广,达到推销商品,满足顾客需求,实现企业销售目标的一种直接推销法。其特点是:

①灵活性大,针对性强。推销人员在与潜在顾客的直接接触和面谈中,能及时了解顾客的反应,从而可以根据不同的推销对象,灵活采取不同的推销策略,进行有针对性的说服。此外,推销人员对于价格、产品配置、服务内容等也有一定的掌控空间,最后的成交取决于双方的谈判能力。

②有利于双向沟通。推销人员在推销过程中,一方面可以通过示范、讲解,更好地传递产品信息,帮助顾客更深入地了解产品的操作及性能,消除顾客的疑虑;

另一方面又可以听到顾客的意见和要求,从而可给予及时的解释,或将意见反馈回企业。

③有利于发展与顾客的长期关系。推销人员与顾客在长期交往中可以建立起良好的个人关系和友谊,进而有利于巩固和争取更多的顾客,建立长期、稳定的业务关系。当然,人员推销这种促销方式也有一定的局限性。一是人员推销的市场覆盖面有限,推销成本较高;其次是对推销人员的素质要求较高,而理想的推销人员也不易得。

(2)广告促销

广告促销是指企业通过支付一定数额的费用,运用大众媒体对企业产品、服务或企业形象进行宣传推广的促销方式。其特点是:

①传播的范围广、速度快。广告信息凭借现代化的电子媒介可以迅速地传遍全国,甚至全球,这是其他任何促销方式所无法相比的。

②表现形式丰富多彩。广告可以借用各种艺术形式、手段与技巧,加之现代化传播媒体,可以声形并茂,直观生动地传递产品信息,从而增强宣传的吸引力和说服力。

③广告的平均成本较低。虽然广告的总体费用较高,特别是电视广告,通常以万元/秒来计费,但是一则广告可能会被百万乃至千万人所接收,因此,其平均费用并不会很高。

(3)营业推广

也称为特种推销或 SP 战术,是指企业采用刺激或激励的手段,以期迅速产生销售效果的促销方式。其特点是:

①方式灵活多样。根据营业推广活动针对的对象不同,可以分为三大类:第一类是面向顾客的,如赠品、奖券等;第二类是面向中间商的,如折扣、合作广告等;第三类是面向推销员的,如推销竞赛等。可以说营业推广的方式多种多样,企业可根据具体产品的性能、顾客心理和市场状况等,进行设计和调整。

②针对性强,效果明显。企业根据需要,可以有针对性地开展对顾客、中间商、推销员的营业推广活动,调动相关人员的积极性,并能很快地、明显地收到增销的效果,它不像广告和公共关系手段需要一个较长的时期才能见效。

③临时性和非正规性。营业推广虽然能在短期内取得明显的促销效果,但是它一般不能单独使用,常常要与其他促销手段相配合。因此对企业来讲,人员推销、广告属于常规性的促销方式,而营业推广则是一种辅助性的促销方式,具有临时性非正规性的特点。

④攻势过强,容易引起顾客的反感。因为营业推广往往伴随着一些优惠措施、

强大的宣传等促销攻势,因此容易引发顾客的逆反心理,引起顾客的反感和对产品质量、价格等方面的怀疑,进而影响企业的形象和声誉。因此,企业在开展营业推广活动时,要注意促销时机及方式的选择。

(4)公关宣传

公关宣传是指企业以非付款的方式通过第三者在大众媒体发表有关企业产品、服务和形象方面的信息,通过付费的专题公关活动来传达以企业形象为主的各种信息。其特点是:

①公共关系的对象十分广泛。公共关系的对象包括企业外部公众和内部公众两大类。外部公众主要是顾客、供应商、中间商、竞争对手、当地政府部门、各类社会团体组织、大众传媒等;内部公众主要是企业员工、公司股东等、企业进行公关活动,就是要沟通企业上下、内外的信息,建立起相互间理解、信任、支持,内外和谐的社会关系环境。

②公共关系是一项长期性的促销活动。公共关系的目标是通过广结良缘,树立企业良好的社会形象和声誉。而这一目标的实现不是急功近利的短期行为所能达到的,其效果也只有在一个很长的时期内才能得以显现。因此需要企业有计划地、持之以恒地去努力。

③公共关系是一种间接促销手段。公共关系不是直接宣传产品,而是通过提升企业和产品的形象,达到间接促销产品的目的。

5.4.2 影响促销组合的因素

促销组合是指企业人员促销方式和非人员促销方式的综合运用。

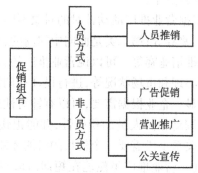

企业在选择促销手段,制定促销组合策略时,应综合考虑以下一些因素:

1)产品类型

不同类型的产品需求规律不同,购买习惯不同,促销方式也有差异:技术附加值大、单价高的产品适宜采用人员促销的方式；技术附加值小、单价低的产品适宜采用广告促销方式。一般而言，广告是消费用品的主要促销方式，人员则是产业用品主要促销方式，公关促销对于两类产品的作用同等重要。

2）促销目标

促销目标不同，促销方式就不同，促销的成本效益具有差别。倘若促销目标是提高企业及其产品的知名度，重点选择广告促销和营业推广，辅之以公关促销方式；倘若促销目标是让用户了解产品的性能和使用方法，在促销组合中以人员促销形式为宜；倘若企业总体营销目标是在市场上树立形象，为其产品销售奠定基础，则要制定一个以公关促销为主体的促销方案；倘若企业试图在目标市场上迅速增加销售量，则应该利用广告促销和营业推广方式提高产品的市场占有份额。

3）促销策略

企业的促销策略有"推式"和"拉式"之分。所谓推式促销策略，即以中间商为促销对象，把产品推进分销渠道，制造商推给批发商，批发商再把产品推给零售商，零售商把产品推给顾客。推式策略，产品与信息同向流动。所谓拉式促销策略，即以最终顾客为促销对象，企业设法吸引终端用户对产品的兴趣，然后用中间商寻求产品；中间商看到有利可图，就会向制造商求购产品。拉式策略产品与信息反向流动。倘若企业采用推式策略，人员促销作用较大；倘若企业采用拉式策略，则广告促销作用较大。

4）产品生命周期

产品处于生命周期的不同阶段，促销方式各有侧重。投入期阶段，为使顾客认识、知晓产品，广告促销和公关促销的作用较大。成长期阶段，为扩大产品销售量，降低产品营销成本，人员促销的作用较大，同时公关促销的口碑传播形式作用显著。成熟期阶段，品牌竞争十分激烈，企业主要利用营业推广的方式进行产品的市场渗透。衰退期阶段，仅配置少量的、简单的促销方式保持用户的记忆。

5）市场前景

企业应随着市场环境的改变，随时调整促销组合。市场繁荣，购买力旺盛之际，可以积极采用广告促销和公关促销；市场疲软、购买力下降之际，则应该采用人员促销和营业推广。

5.4.3　几种典型促销方式的比较

人员推销、广告促销、公关促销、营业推广特征显著,其促销作用各有侧重,如表5.1所列。

表5.1　几种典型的促销方式

	人员推销	广告促销	公关促销	营业推广
沟通方式	双　向	单　向	双　向	单向/单项
促销功效	与用户建立合作伙伴关系	提高产品知名度	树立良好的公众形象	短期内提升销售量
时效性	中长期	中长期	长　期	短　期
特　征	直接信息沟通反馈及时,可当面促成交易	传播速度快,涵盖面广,形象生动,渗透力强	提高企业及产品的声誉,传达力较强,费用节省	激发购买兴趣,促成用户立刻采取购买行为
局　限	占用人员多	广而告之,不能立即成交	见效慢,可控程度低	时而引起用户误会或猜疑

5.4.4　激发顾客购买兴趣和欲望的促销策略

1)顾客购买的心理过程

顾客购买的心理过程具有复杂性的特点,它是由寻找购买目标到产生购买行为以及顾客体验等一系列联系的、连续的心理活动的开始。

(1)寻找购买目标

顾客产生购买动机后,采取购买行动,首先是从寻找购买目标开始。顾客会根据各种信息选择购买场所,进入购买场所之后就会留意寻找所要购买的商品。熟悉购物环境的顾客会直奔购买目标,其余商品变成了目标的背景。这样的顾客表现为目不斜视,脚步轻快,注意力不被分散,能较迅速地找到购买目标。不熟悉购物环境的顾客则把所有的商品都作为自己寻找目标的对象,表现为目光不断寻找,脚步缓慢,注意力转移快,需要一定的时间才能找到购买目标。销售场所要为顾客寻找目标创造有利的条件,如设导购图,导购员等。

(2)感知所购商品

顾客发现购买目标后,会停下自己的脚步,把注意力集中到商品上进行细致的观察,获得对商品的款式、商标、质地、颜色、产地、价格、优惠政策、售后服务等方面的感性认识。有经验的顾客能独立完成这一过程,没经验的顾客则可能向销售人员询问。

（3）诱发对商品使用状况的联想

顾客对商品产生清晰的感知的同时，会诱发对商品使用情况的多种联想，如给生活带来的便利，使用它的心理感受，自己购买它的经济承受力，别人对自己购买商品的评价等。这些联想如果能给顾客带来肯定的情绪，则会激起购买欲，反之则会中断购买行为。在这一阶段，销售人员抓住顾客心理进行的商品介绍对诱发其购买行为将产生很大的影响。

（4）判定比较

顾客对所观察的商品产生满意的感觉后，对可供购买的同类商品要作出选择，以确定直接的购买对象。顾客运用思维对各种因素加以分析，如商品的品牌、型号、功能、价格，个人的喜好、经济承受能力等，并通过分析比较对某一商品作出评价。独立性强的顾客能自己完成这一过程，多数顾客需要销售人员根据自己的经验提供建议。

（5）选择购买

顾客根据比较分析作出结论，作出购买决定，实施实质性购买行为，顾客向销售人员指明购买商品的型号、数量等具体内容，销售人员协助顾客挑选商品、包装商品、交代顾客拥有的权利等。

（6）购后体验

伴随着顾客购买商品的心理过程，顾客还会产生一定的心理体验，如对商品质量的好感、销售人员服务的满意感、销售环境的认同感等。这些感受的好坏直接影响顾客再次前来购物的发生率，"回头客"多是由于顾客产生良好购买体验而形成的。

顾客购买商品的心理过程是较为复杂的，上述心理过程反映的是共性的东西。顾客在购买常用的价值低且品牌单一的消费品，心理过程就简单得多，在购买高档耐用的特殊商品时心理过程又复杂得多。

2）激发顾客购买兴趣和欲望

根据顾客购买商品的一般心理过程，销售人员可有针对性地接待，以刺激其购买欲望。

（1）观察各类顾客，判断其购买意图

对顾客主动热情是对销售人员的基本要求，它直接影响销售活动的效率。但对顾客进店意图不作出准确的判断，一味地热情，有时会使顾客产生不自在的感觉。所以，销售人员首先必须对进店的顾客进行准确的判断，了解顾客的购买意图。然后抓住时机有针对性地热情服务，才能收到好的效果。顾客进店的意图大致有三种,应根据不同的意图采取不同的服务方法。

①有明确购买目标的顾客及服务。这类顾客已确定购买场所,心里有明确的购买目标。他们进店后脚步轻快、目光集中、神情专注,迅速来到购买商品柜台前,主动提出购买要求。他们中绝大多数对所购商品了解比较细致,或是受委托来指定购买,也可能是某类商品的回头客。针对这类顾客,销售人员要主动接近,对他们的要求迅速作出反应,快速完成销售服务。

②无明确购买目标但有购买欲望的顾客及服务。这类顾客进店想买物品但又不知具体要购买什么,发现购买目标之后再进行购买。例如,返乡前为亲友购买商品的出差人员,利用休息时间买东西的家庭主妇,要在有意义的日子为他人买纪念品的人员等都属于这类顾客。这类顾客进店后脚步轻缓、目光游移不定、神态自若,注意力容易被新异刺激所吸引,喜欢到购物者多的地方转转。接待这种顾客,销售人员要把握时机,不要主动出击,当他在某一柜台或商品前驻足,注意指向某一商品并表现出一定兴趣后,再去主动接近他,抓住时机向其介绍商品,对其询问从容回答,从中了解其购买意图,引导其对商品产生兴趣,帮他作出购买决定。但对这类顾客要注意掌握分寸,避免使其产生销售人员强行推销的感觉。

③无购买目的也无购买欲望的顾客及服务。这类顾客不想购买商品。他们有的是顺路到商店看看,有的是到商店打发一下时光,有的是躲避一下不良的天气,有的是约会找人等。这类顾客进店后有的脚步缓慢、左顾右盼、目不暇接,有的行为拘谨、目光虚视,有的乱跑乱窜、漫无目的。对这类顾客,销售人员不要急于接触,要随时注意其动向,当其驻足察看商品时再给以主动热情接待。即使其不购买商品也要给他们留下一个好印象,使他们成为明天的购物者。

(2)根据购买目标,展示介绍商品

有明确购买目的的顾客进店后,具体的购买目标一般情况下是不确定的,也就是顾客想买一种商品,但是具体要买哪一种商品在多数情况下是不确定的,需要销售人员进行商品的展示介绍后再作最后决定。这就要求销售人员在销售过程中根据顾客的性别、年龄、职业特点、爱好习惯、消费要求等信息采取有效的展示介绍商品的方法、帮助其作出选择。

展示商品要做到以下几点:

①使商品进入使用状态让顾客看。例如,销售电视机,可使电视机进入使用接收状态,顾客可以通过看画面、听声音而对商品信息一目了然,便于商品选择。

②创造条件让顾客亲自试用。例如,有的商店开架销售服装,允许顾客试穿,提出"不买没关系,试试也可以"的口号,有些食品销售允许顾客品尝等服务措施。

③多品种的比较展示介绍商品。对同一种类不同型号的商品可采用多品种比

较展示介绍的方法,以突出不同品种商品的特点,给顾客以广阔的选择空间。

④从低档向高档逐级展示介绍商品。从低到高逐级展示介绍商品不仅能满足求廉顾客的心理,也能使求高档的顾客产生自豪感。反之,就会使求廉心理的顾客难堪。

(3)引起兴趣、引发联想、刺激购买欲望

(4)促成顾客购买交易

通过前几个接待步骤所进行的服务,一般的顾客会对商品及服务形成满意感,产生购买欲,并作出购买决定,但这不等于购买行为。多数顾客作出购买决定后还会产生一些心理矛盾,如商品质量很好但价格是最便宜的吗? 商品的外观挺美里面怎样呢? 购买这样的商品别人会怎么评价我呢? 这时,销售人员要做顾客的参谋,在取得顾客信任的条件下,介绍商品的质量和价格比,其他商家同样商品的价格信息、商品的内在质量、商品的销售情况及顾客对商品的评价信息等,化解顾客心理矛盾,促成其产生购买行为。对有陪同人员来购物的顾客,销售人员还要善于引导陪同人员发表积极的意见,争取陪同人员做顾客的参谋,做销售者的助手,让他替自己说话。陪同人员对购买不同商品的顾客所产生的影响力是不同的。例如,一家三口购物,购买服装、生活用品,女同志影响力大;购买耐用生活消费品、家用电器、大件商品,男同志影响很大;购买儿童用品,孩子的影响力大。所以,要促成购买行为,销售人员不仅要做顾客的参谋,更要注意调动顾客的陪同人员做参谋。

当顾客发生购买行动时,销售人员要提供及时、便利、快捷的服务,如帮助顾客不厌其烦地挑选商品,对当场试用的商品轻拿轻放,说明使用要求,进行便携的商品包装,替顾客交款开收据,交代顾客拥有的权利等。使顾客快速完成购买过程,防止顾客在购买行动中由于服务的不到位而终止购买行动。

(5)提供售后服务,促发重复购买行为

顾客带着商品满意地离开,销售活动看似结束了,其实不然,顾客带走了商品的同时,也带走了一份信誉,而这种信誉感往往会使顾客发生重复购买行为,这仅是就顾客购买一般商品而言的。对于一些耐用、价格较高的商品还存着售后服务问题。在商业竞争激烈的情况下,售后服务成了许多商家的新卖点。由商家提供的售后服务要做到迅速、快捷,尽量采取登门服务的方式,以不影响顾客工作和学习为好。由商品生产厂家提供的售后服务,销售人员要向顾客说明厂家售后服务的有关信息,如售后服务的范围、地点、联系方式和联系人等。售后服务的好坏直接影响商家在顾客心中的信誉程度,信誉程度高,重复性购买的发生率就高,反之就低。所以,从某种意义上说,信誉是商业企业的生命。

【做一做】

5.5 模拟促销活动训练(实训)

1)案例分析

案例1:

野马汽车营销策略

1965 年,美国汽车巨人福特汽车公司推出了"野马"牌轿车,第一年就销售出近百万辆,创利润 8 亿美元,"野马"成为美国战后最畅销的汽车。野马汽车的成功就在于,野马汽车的营销策划者、福特汽车公司的总经理艾克卡,自 1962 年上任后,就进行了广泛的市场调查。调查发现,美国汽车工业经过几十年的发展,已到了汽车不仅作为代步工具,而且要体现个性需要的程度。同时,调查还发现,未来 10 年,由于战后出生率的激增,几千万婴儿已长大成人,20~24 岁的青年人将增加 50%,成为汽车消费的主体。因此,汽车的营销策略应着眼于青年人的需求。基于以上调查,福特公司便设计了旨在体现青年人崇尚自由和独立的叛逆性格,适于活泼奔放的美国青年的独特个性需要的野马新型汽车。在汽车的宣传上,他们也更重视该车的风格而不仅仅是功能。最终,野马汽车终于以其独特的风格意境赢得了广大青年的青睐,并使公司赢得了巨大的市场。

这是一个成功的案例。它的营销对象是青年人。

福特汽车公司通过广泛的市场调查发现:一方面汽车工业的发展,已经成为美国社会发展的趋势;另一方面预测到 20~24 岁的青年人在未来 10 年将增加 50%。基于这两点,他们把汽车的销售着眼于青年人,根据青年人追求个性与独立的叛逆性格,设计出了符合美国青年的新型野马汽车,最终赢得了广大青年的青睐并开拓了巨大的汽车市场。

这则案例启示我们,市场预测必须经过广泛的市场调查;同时,针对青年人的消费品必须在设计上符合青年人的消费心理。

评析1 青年顾客群体的消费心理特征有哪些?

_____

_____

_____

_____

评析2　分析福特公司"野马"牌轿车赢得了巨大市场的原因。

_____

_____

_____

_____

案例2：

柜台销售现场

评析1　这样的场面你会想到些什么？

_____

_____

_____

评析2　谈谈你如何应对这种场面中的各种不同顾客,有什么策略？

_____

_____

_____

_____

评析3　你认为应对这样的场面,应该注意哪些细节？

_____

_____

_____

_____

2）实训

实训内容:男性和女性用品市场的心理研究。

实训目的:通过实训,使学生了解男性和女性的消费特点;掌握男性和女性商品市场的特点;掌握男性和女性商品的营销方法。

实训人员:

①实训指导:任课教师。

②实训编组:学生按每组5人分成若干组,每组选组长及记录员各一人。

实训时间:2天

实训步骤:

①由教师在校内组织安全纪律教育。

②与实训的相关商场取得联系,并组织学生前往实地现场观摩。

③邀请商场经验丰富的营业务员介绍相关情况。

④撰写调查访谈文案。

⑤实训小结。

实训要求:利用业余时间,根据具体情况选择有一定代表性的商场实习,了解男性和女性的消费特点,掌握男性和女性商品的营销方法。

商场顾客心理调查

实训内容:分析顾客抱怨心理产生的原因与转化的方法。

实训目的:通过实训使学生掌握顾客抱怨心理产生的原因,尤其是来自销售服务方面的原因;掌握与顾客沟通的艺术;掌握消除顾客抱怨心理的方法。

实训人员:

①实训指导:任课教师。

②实训编组:学生按每15人分成若干组,每组选组长及记录员各一人。

实训时间:2天

实训步骤:

①由教师在校内组织安全纪律教育。

②与实训的相关商场取得联系,并组织学生前往实地现场观摩、体验。

③向商场经验丰富的销售员请教。

④向顾客调查抱怨心理产生的原因。

⑤撰写调查访谈文案。

⑥实训小结。

实训要求:利用业余时间,根据具体情况选择有一定代表性的商场顶岗体验,掌握顾客抱怨心理产生的原因和与顾客沟通的艺术,掌握消除顾客抱怨心理的方法。

【任务回顾】

通过对这个任务的学习,使我们初步掌握不同群体顾客消费心理特征、购买兴趣,选择符合顾客心理需要的促销策略,进而激发顾客购买动机,产生购买行为,同时会灵活处理顾客的抱怨。

【名词速查】

1. 需要

指人们在一定的生活条件下,为延续和发展生命对客观事物的渴求或欲望。

2. 购买能力

指顾客在购买过程中反应的能力。

3. 购买动机

指顾客为了满足自己一定的需求,而引起购买某种商品或劳务行为的内在动力。

4. 促销

指企业的营销人员采用各种有利于销售的沟通方式,向目标顾客以及对目标顾客的消费行为有影响的群体进行宣传、说服、诱导、唤起需求,以促成购买的活动。

【任务检测】

一、单选题

1. ( )顾客对商品消费一般没有特殊的偏爱和固定的习惯,购买方式随意,易受环境影响。

    A. 兴趣随意型   B. 兴趣广泛型   C. 兴趣固定型   D. 兴趣偏好型

2. 便于双向沟通、有利于树立良好公关形象、提高企业声誉、费用节省,但见效慢、可控程度低的促销方式是( )。

    A. 营业推广   B. 广告促销   C. 人员推销   D. 公关促销

3. 下列不属于顾客需求特征的是( )。

    A. 可引导性   B. 发展性   C. 固定性   D. 条件性

4. (　　　　)是指人们在生活中感到某种欠缺而力求获得满足的一种心理状态。

    A. 需求　　　　　　B. 需要　　　　　　C. 动机　　　　　　D. 购买行为

5. (　　　)是以追求商品新颖、时尚和奇特为主要购买目的。

    A. 求美购买动机　　　　　　　　B. 求名购买动机

    C. 求新购买动机　　　　　　　　D. 储备购买动机

二、多选题

1. 购买动机一般分为(　　　　)。

    A. 生理性购买动机　　　　　　　B. 心理性购买动机

    C. 主导性购买动机　　　　　　　D. 辅助性购买动机

2 促销方式有(　　　　)。

    A. 营业推广　　　B. 广告促销　　　C. 人员推销　　　D. 公关促销

3. 影响顾客需求个体因素有(　　　　)。

    A. 经济收入　　　　　　　　　　B. 年龄和性别

    C. 心理因素　　　　　　　　　　D. 社会文化因素

4. 下面(　　　)是兴趣的特征。

    A. 倾向性　　　B. 广泛性　　　　C. 持久性　　　　D. 稳定性

5. 影响促销组合的因素有(　　　　)。

    A. 市场信息　　　B. 促销目标　　　C. 产品生命周期　D. 产品类型

三、判断题

1. 人员推广可以在短期内提升销售量。　　　　　　　　　　　　(　　　)

2. 需要和目标诱因是形成动机的条件。　　　　　　　　　　　　(　　　)

3. 购买能力反映的是顾客经济实力的强弱。　　　　　　　　　　(　　　)

4. 马斯洛的需求层理论由低到高为生理需要、社交需要、尊重需要、审美需要。

                                              (　　　)

5. 兴趣的稳定性指兴趣持续时间的长短。　　　　　　　　　　　(　　　)

四、思考题

1. 说说几种促销方式间的不同。

2. 你知道顾客需要的基本特征吗?

3. 你打算怎么样去激发顾客的购买兴趣和欲望?

4. 购买动机的特点有哪些?

【任务检测参考答案】

一、单选题

1	2	3	4	5
A	D	C	B	C

二、多选题

1	2	3	4	5
ABCD	ABCD	ABC	ABD	BCD

三、判断题

1	2	3	4	5
×	√	×	√	√

四、思考题

1. 说说几种促销方式间的不同？

答：主要从5个方面比较：

    A. 从促销功效上

    B. 从时效性上

    C. 从特征上

    D. 沟通方式上

    E. 从局限上

2. 你知道顾客需要的基本特征吗？

答：A. 多样性

    B. 层次性

    C. 发展性

    D. 周期性

    E. 互补性与互替性

    F. 伸缩性

3. 你打算怎样去激发顾客的购买兴趣和欲望？

答：①观察各类顾客，判断其购买意图

    ②根据购买目标，展示介绍商品

③引起兴趣、引发联想、刺激购买欲望,根据顾客购买动机的可诱导性,采用三种方式:

    A.证明性诱导

    B.建议性诱导

    C.转化性诱导

④促成顾客购买交易

⑤提供售后服务,促进重复购买行为

4.购买动机的特点有哪些?

答:A.迫切性

    B.内隐性

    C.可变性

    D.模糊性

    E.矛盾性

任务 6
剖析影响商业行为的客观因素

任务目标

1. 全面理解影响商业行为的客观因素。

2. 了解影响商业行为的社会因素。

3. 了解影响商业交易行为的产品综合因素分析。

4. 了解顾客的价格心理与价格判断。

学时建议

知识性学习 8 课时。

案例学习讨论 2 课时。

现场观察学习 6 课时(业余自主学习)。

【导学语】

你知道商业行为受哪些客观因素影响吗？这些因素是如何影响商业行为的？

商业活动到底受哪些因素的影响呢？

讨论这些问题是这个任务的主要内容呢！

什么是商业行为呢？

就是消费者在一定的环境条件下，通过与营销人员、产品的交互作用去完成某一特定目标的消费行为。这一行为可用公式表示：$B = f(P, E)$，其中，B——消费者行为，P——个人因素，E——环境因素（个人以外的社会、文化环境等因素）。

消费者行为是因变量，个人因素和环境因素是自变量，即 B 是 P、E 的函数。这说明，消费者行为既受到个人需要、认知、学习、态度等心理因素和年龄、生活方式、自我形象、个性等个人因素的影响，也会受到家庭、参照群体、社会阶层和文化因素等影响。本任务我们主要介绍影响商业行为的客观因素。

案例赏析

迪斯尼的欧洲灾难

[经典回放]迪斯尼这个世界上最成功的推销商，最初拒绝采取适应欧洲顾客的饮食服务方式，在巴黎开始了他们最初的经营。可欧美饮食习惯的差异对巴黎附近的迪斯尼主题公园的破产却起了推波助澜的作用。

欧洲迪斯尼饭店，提供的座位不足。美国人可以在任意需要的时间来迪斯尼乐园和迪斯尼世界吃午餐，然而欧洲人则不同，他们都在下午一点钟左右吃午餐。欧洲的顾客也不能接受站着排队等上一小时左右。更糟糕的是，欧洲迪斯尼饭店不提供葡萄酒或者啤酒，因为美国的迪斯尼餐馆是家庭式餐馆，酒精饮料不适合这种场合。而这种经营理念与欧洲人的传统和期望完全不同。到1993年，欧洲的迪斯尼亏损额达到10亿美元，即使对这样的大公司来说也是不小的数字。直到这时,负责欧洲市场运作的管理层才进行了改革。其中一个重要的变化就是改革了菜单:现在,消费者就可以在法国的迪斯尼乐园痛饮啤酒或者吸吮葡萄酒,仅这一项就实现了盈利。

对于迪斯尼家族来说,欧洲市场的惨败只是其跨文化经营的辉煌业绩的一个临时污点。

[画龙点睛]看完这个故事,大家一定想法很多吧!的确,商业行为不仅受个人主观因素影响,也受客观因素影响。在这个亏赢过程中,迪斯尼认识到了商业也要研究文化、研究地域风俗习惯,按地域文化风俗习惯,及时调整经营模式,才取得了理想的商业效果。

由此看来,我们要获得成功的商业行为,学习影响商业行为的客观因素非常重要!

【学一学】

6.1　影响商业行为的客观因素

6.1.1　社会大众文化对消费活动的影响

1)文化

文化指的是人类在社会历史发展过程中所创造的物质财富和精神财富的总和。确切地说,文化是指一个国家或民族的历史、地理、风土人情、传统习俗、生活方式、文学艺术、行为规范、思维方式、价值观念等群体心理的总和。一般由两部分组成,第一,全体社会成员共同的基本核心文化(culture);第二,具有不同价值观、生活方式及风俗习惯的亚文化(subculture)。

商品营销活动是既受个体心理的影响,也受社会群体心理制约的,如大众审美、价值观、物质文化趋向等。若不研究、不了解消费者所处的文化背景,往往会导致营销活动的失败。

(1)价值观念

价值观念是指人们对社会生活中各种事物的态度和看法。由于定势心理的作用,不同的文化背景,人们的价值观念相差很大,而市场的流行趋势是会受到价值观念的影响。所以,从事商品销售活动,首先必须制定促销策略,而制定促销策略时应该将商品与目标市场的文化传统尤其是价值观念联系起来。因为不同的文化背景,消费理念也是不同的。看看下面这个例子就知道了。

不同文化背景下消费观念的比较

（2）物质文化

物质文化由技术和经济构成,它影响需求水平,产品的质量、种类、款式,也影响着这些产品的生产与销售方式,一个国家的物质文化对市场营销具有多种意义。

比较

（3）审美标准

审美标准通常指人们对事物的好坏、美丑、善恶的评价标准。由于审美标准对理解某一特定文化中艺术的不同表现方式、色彩和美好标准等象征意义起了很大的作用,所以市场营销人员尤其要把握和重视审美标准。如果对一个社会的审美标准缺乏文化上的正确理解,那么,产品设计、广告创意就很难取得成功,如果对审美标准感觉迟钝,不但产品的款式与包装不能发挥效力,而且还会冒犯潜在的消费者,或者造成不良印象。

2）亚文化

每种文化都是由众多的亚文化组成的。亚文化包括民族、宗教、种族、地域等宏观向度上的区分,也包括性别、年龄、婚姻状况、教育程度、职业等微观向度上的区分。亚文化对于商业行为的影响更为明显,为细分规划目标销售对象提供了重要的依据。它们以特定的认同感和影响力将各成员联系在一起,使之持有特定的价值观念、生活格调与行为方式。这种亚文化群有许多不同类型,其中影响购买行为最显著的主要有:

（1）民族亚文化群

如我国除了占人口多数的汉族外，还有几十个民族，由于群体认同的不一样，所产生的群体心理需求也就不一样，导致他们在食品、服饰、娱乐等方面仍保留着各自民族的许多传统情趣和喜好。

（2）宗教亚文化群

以我国来说，就同时存在着伊斯兰教、佛教、天主教等。他们特有的信仰、偏好和禁忌在购买行为和购买种类上表现出许多特征。

（3）地理亚文化群

如我国华南地区与西北地区，或沿海地区与内地偏远地区，都有不同的生活方式和时尚，从而对商品的购买也有很大不同。

想一想、练一练

心得分享：

①谈谈本地风俗文化会对我们的哪些购物习惯产生影响？

_____

_____

②如果你是商业经营者，会利用哪些文化观念优势进行营销？

_____

_____

6.1.2　社会群体心理对消费活动的影响

1）群体心理

群体是由于某些社会原因而产生的心理状态和心理倾向，并以特定的相互关系和方式组合起来进行活动的人群或共同体。每一个群体都有一定的心理倾向，如舆论、情绪气氛、士气和对价值的态度，这就是群体心理形成的基础。群体心理是群体成员所表现出来的共同心理状态和心理倾向，是群体成员共有的价值、态度和行为方式的总和。这种心理对个人来说，影响深刻而全面。个人的行为会受到群体的影响。根据对个体影响有大小，又可分为各种参照群体。也就是个体认同的为其树立和维持各种标准，提供比较框架心理倾向和归属的群体。它又可以分为直接参照群体和间接参照群体。在参照群体中，个人期望归属的群体，即向往群体，如交往群体、歌星、影星、体育明星、权威人士等，会对个体的消费心理产生较大的影响,因此做广告有时会选择名人出代言,以产生名人效应。与之相反,还有一种是个人讨厌或反对、拒绝认同的群体,即厌恶群体。

2)参照群体

参照群体在展示新的行为模式和生活方式,宣扬对产品、企业的态度和看法等方面对个体的消费心理产生影响。同时,参照群体还会形成对个体的心理认同压力,促使人们行为趋向一致化,在产品、品牌等的实际选择中发挥作用。因此,对消费者行为进行分析,要能准确判断出目标消费者的参照群体,从中发掘观念指导者,有重点地与他们进行沟通和交流,以使参照群体能发挥更大的影响。

小故事

化学"试验"

有这么一个实验:某高校举办一次特殊的活动,请德国化学家展示他最近发明的某种挥发性液体。当主持人将满脸大胡子的"德国化学家"介绍给阶梯教师里的学生后,化学家用沙哑的嗓音向同学们说:"我最近研究出了一种强烈挥发性的液体,现在我要进行实验,看要用多长时间能从讲台挥发到全教室,凡闻到一点味道的,马上举手,我要计算时间。"说着,他打开了密封的瓶塞,让透明的液体挥发……不一会儿,后排的同学,前排的同学,中间的同学都先后举起了手。不到2分钟,全体同学举起了手。

此时,"化学家"一把把大胡子扯下,拿掉墨镜,原来他是本校的德语老师。他笑着说:"我这里装的是蒸馏水!"

按群体对个体发生影响的关系,参照群体可分为三种类型。

(1)初级群体

主要指家庭成员、亲朋好友、同事、邻居等,他们对消费者行为发生直接影响,其示范作用最强烈。

(2)次级群体

指与消费者有关的各种群众团体和组织,他们对消费者行为发生间接影响。

(3)模仿群体

主要指消费者渴望加入或作为参照体的个人或组织,如对电影明星、流行歌手、体育健将和社会名人的崇拜和模仿,许多消费者将他们的生活方式和消费行为作为自己的生活参照。

3）参照群体对个体的消费心理的影响

主要表现为：第一，为个体提供了新的消费模式和生活模式；第二，影响个体对某个事物或商品的看法，导致其审美观和价值观的变化；第三，促使人们的行为趋于"一致化"，从而影响个体对品牌、商标和使用方式的选择。

参照群体对个体消费心理的影响程度，主要取决于个体的个性特征，以及对产品和品牌的认同心理，还有产品与品牌以及产品生命周期等因素。

4）从众效应

从众效应是指人们自觉不自觉地以多数人的意见为准则，作出判断、形成印象的心理变化过程。

当个体受到群体心理的影响（引导或施加的压力），会怀疑并改变自己的观点、判断，行为朝着与群体大多数人一致的方向变化，也就是通常人们所说的"随大流"。个体的消费行为也会"随大流"。

在生活中，每个人都有不同程度的从众倾向，总是倾向于跟随大多数人的想法或态度，以证明自己并不孤立。研究发现，持某种意见的人数的多少是影响从众的最重要的一个因素，"人多"本身就是说服力的一个明证，很少有人能够在众口一词的情况下还坚持自己的意见，消费习惯和行为也是一样。所以，商业销售活动中的不正当竞争"托儿"才会有市场。

5）同群效应

同群效应（peer effects），是指平等个体之间在各种社会关系中产生相互作用时，其中某一个体的行为及结果受到的同群者行为及结果的影响。一个人的消费行为不仅受到价格、收入等个体自身经济利益的激励影响，同时也会受到他周围的与他相同地位的其他人影响。从而使自身的消费行为和消费习惯发生变化。中国古语所谓"近朱者赤，近墨者黑"意即此。

6.1.3　家庭群体因素对消费活动的影响

1）家庭、家庭成员角色和家庭购买决策

家庭是指那些具有血缘关系或婚姻关系的生活在一起的两个或更多的人们。家庭，是社会的基本单位，是社会中最重要的消费者购买群体。家庭消费，是社会消费的重要组成部分。现代家庭在国家的宏观政策，社会现行的消费观念、生活方式的影响下，家庭消费结构和消费行为往往产生彼此间的相互影响，并形成特有的家庭消费模式。

一般来说,家庭购买决策者,往往是家庭收入的主要提供者或权威人士。美国社会学家根据家庭权威中心的不同,把家庭分为四种类型,即独立自主型、丈夫支配型、妻子支配型和共同协商型。不同的家庭决策类型,其购买行为会有很大的差异。家庭对其成员有着重要的影响:

①孩子早期的消费行为是在家庭中形成的;

②家庭在很大程度上决定着其成员的消费模式;

③大多数产品是以家庭为销售对象的。

2)家庭变化趋势及其对消费行为的影响

家庭是社会的基本单元,是根据影响人们消费行为的最主要的参照群体,也是绝大多企业面对的主要目标市场。家庭的每个成员在日常生活里无形中都有各自的分工,各自发挥着不同的作用。这种分工与作用同样体现在购买决策上。家庭成员在购买中所扮演的角色,可以分为以下几种类型:

家庭

①提议者,即最初提出购买某种产品的人。

②影响者,即直接或间接影响最后决策的人。

③决策者,即有权对部分或整个决策作出最后决定的人。

④购买者,即实际执行购买决策的人。

⑤使用者,即实际使用和消费该产品的人。

6.1.4 社会经济因素对消费活动的影响

1)影响商业行为的经济因素

影响商业行为的经济因素主要是社会生产力、社会生产关系、消费者经济收入和商品价格四个方面。

（1）社会生产力对消费者行为的影响

（2）生产关系对消费行为的影响

在阶级社会中,每一个消费者作为一定的社会成员,其经济地位是受社会生产关系所制约的。不同社会经济地位和阶层会导致消费者不同的消费行为。

（3）消费者经济收入对消费行为的影响

由于消费者收入是有差异的,又是不断变化的,它必然会影响消费者的消费数量、质量、结构及消费方式,因此,它影响消费者的消费行为。

①消费者绝对收入的变化影响消费行为。

②消费者相对收入的变化影响消费行为。

③消费者实际收入的变化影响消费行为。

④消费者预期收入的变化对消费行为的影响。

（4）商品价格对消费行为的影响

由于消费者在一定时间内的收入是有限的,同时,可供人们消费的商品也总是以一定的价格形式出现在市场上。因此,消费者为了满足消费需要,必须根据自己的收入状况,根据不同商品的价格水平,在各种商品中进行选择。例如,收入高负担轻的消费者,由于经济条件较宽松,可能多选择高档商品;而收入少或负担重的消费者,则可能较多地选择中低档商品。又如,人们预期未来价格不会发生很大的变化或会以某种固定幅度变化,就不会发生因物价上涨而采取的抢购行为。一般说来,价格越高,对消费者的推力越大,即可能把大多数消费者从该类商品购买者行列中推出去;反之,价格越低,对消费者的拉力越大,即越可能把人们拉入该商品的购买者行列。但这种现象并不是绝对的,在现实生活中,有的消费者出于某种偏好或消费心理,不顾价格的昂贵,反而以购买高价商品为荣,这就要作更深刻的分析。

2)经济因素是产生消费动机最基本的因素

经济因素是分析消费购买行为的传统因素,也是基础因素。从经济因素来分析消费者的购买行为,消费者总是根据自己的有限收入和所能获得的市场信息,去购买对自己最急需、最有价值的东西。以此为前提,有两个因素会影响消费者的购买行为:

(1)产品的价格和性能是最主要的支配因素

产品的价格和性能的比值是决定消费者是否购买的支配因素,也就是消费者对产品价格的接受能力与产品的性能对消费者需求的满足程度。

(2)边际效用递减规律

消费者总是在自己的收入范围内作出合理的购买决策,以实现效用的最大化。这样,对某种商品购买得越多,其需求的满足程度就越大。但随着购买数量的增加,其边际效用(即多购的每一单位商品的追加利益)却是递减的,这种现象就是边际效用递减规律。

受经济收入有限性的影响,相当一部分消费者对商品价格反应敏感,对商品的性能、质量较为重视,包括商品使用是否方便、耐用、使用效率、服务可靠性等。

案例赏析

九牧王的成功突破

[经典回放]九牧王新的标志,代表着九牧王在向国际接轨、塑造国际品牌上的一次突破。

新 LOGO 设计方中带圆,传递出中国传统天圆地方的哲学思维及外圆内方的处世之道。据悉,此设计出自国际顶级设计师陈幼坚之手,LOGO 转角细节处都进行了"圆弧"处理,目的就是为了更好地诠释"圆"与"方"的思想。

九牧王的新 LOGO(来源:闽南经济周)

新的徽章式盾牌形象标志,融合了代表九牧王的"9"字在其中,深咖啡色的标准色更典雅、大气,更显国际化。对于中国人而言,"9"代表着极至完美之意,大道归真,九九归一。而徽章式盾牌形象,又代表着荣誉、勇气以及锲而不舍的求变精神,有着更完美的图腾式寓意。

[画龙点睛]对于九牧王而言,这次换标是九牧王的文化价值主张与其消费群体自觉精神追求的一种融合。在这个充斥着变革、勇气与挑战的大时代,每一个都市精英对于荣誉、勇气以及锲而不舍、追求改变的精神,正成了九牧王标志图章最好的注解,而九牧王的这一标志,也成了他们精神追求的最好代言。

从这里我们可以看出要取得商业的成功,一方面来自于商品的品质,有了过硬的质量,不可缺少的成功因素还较多。这里采取的换新标志,就更注重了商品的文化内涵,社会大众的文化追求,使产品的文化品味更富有国际化,从而扩大销售市场。

想一想、练一练

①分析九牧王为了扩大销售市场,做了哪些工作?

_____

_____

_____

_____

②讨论九牧王是如何运用影响商业行为的客观因素而逐步迈向成功的？

_____

_____

_____

案例赏析

欧莱雅(中国)，赢得大众市场的"三步棋"！

[经典回放]目前,在中高档化妆品市场,欧莱雅在中国早已遥遥领先,其中,巴黎欧莱雅占据了高档染发市场,兰蔻成为高档化妆品市场翘楚,美宝莲把持了彩妆市场,进入药房的薇姿也成为活性健康化妆品市场的领袖,这些产品价格都在300～800元之间,而欧莱雅在中国的大众化妆品市场却一直是空白。

欧莱雅(中国)总裁盖保罗就描绘欧莱雅在中国推行的品牌战略时说:以往欧莱雅主攻中国市场的品牌大多集中在中高档产品上,尽管这块市场利润丰厚,但如果要谋求更广阔的发展空间就必须要拓展新的市场。近一年来,欧莱雅接连收购小护士和羽西两大本土品牌,其中小护士目前是中国排名第三的护肤品品牌,仅次于玉兰油和大宝,拥有5%的市场占有率,品牌知名度更高达90%,在20岁以下的年轻人当中有96%的人知道小护士品牌。这表明在完成高端市场的布局后,欧莱雅正在凶猛地"吞食"中国的大众化妆品市场。

[画龙点睛]欧莱雅完成品牌收购之后,逐步扩大大众市场的份额,接下来的三步棋是值得我们深思的。

1. 利用收购品牌对中国市场文化的渗透

在欧莱雅收购小护士、羽西之前,其麾下17个国际知名品牌中只有一个源自亚洲,那就是日本著名的化妆品品牌植村秀,小护士和羽西已经改变欧莱雅亚洲本地品牌单一的局面,丰富了欧莱雅品牌集团文化的多元性。

欧莱雅让小护士和羽西成为中国市场的美宝莲,用本土品牌"护"住其大众市场,然后才能借本土品牌的市场资源让自有品牌"羽"翼丰满。

2. 整合收购品牌的资源强化深度分销

欧莱雅利用小护士和羽西的现有资源对深度分销渠道"精耕细作",稳定小护士等收购品牌的市场定位,而不是"放弃"的拔高。

3. 持续为大众化妆品市场推出新产品

欧莱雅在收购了小护士和羽西后,有利于其将先进技术融入到这两大品牌之中,焕发它们新的活力,比如欧莱雅已经在小护士原有产品技术的基础上注入了卡尼尔的技术,但是小护士的商标仍维持不变,只是在包装底部标有"卡尼尔研究中心"字样。

相信欧莱雅在维护好现有品牌的市场占有率的基础上,会进一步增大研发的力度,技术上推陈出新,创造出一系列文化内涵独到新产品,这对构筑欧莱雅"品牌金字塔"的坚实基础举足轻重。

想一想、练一练

结合本案例,与其他章节内容相关联,谈谈你对影响商业行为的客观因素的分析。

小链接

影响消费者行为的五大因素

消费者行为是人的社会化的行为,它受消费者个体所处的环境及消费者个体心理差异等因素的影响。这些影响因素主要有:

1. 政治因素

影响消费者行为活动的政治因素主要包括以下两个方面:

(1)政治制度。政治制度指一个国家或地区所奉行的社会政治制度,它对消费者的消费方式、内容、行为具有很大的影响。政治制度对消费者行为的影响是客观存在的,对消费者的购买行为有着不可忽视的影响。

(2)国家政策。国家政策对消费者的影响表现在国家提倡什么、反对什么,以政策形式对消费行为进行规范。特别是社会主义市场经济的繁荣、商品的丰富对消费者的购买行为产生了意义深远的影响。

2. 经济因素

影响消费行为的经济因素主要是社会生产力、社会生产关系、消费者经济收入和商品价格4个方面。

3. 文化因素

文化因素是指人类在社会历史发展过程中所创造的物质财富和精神财富的总和,包括民族传统、宗教信仰、风俗习惯、教育层次和价值观念等。

4. 社会因素

消费者行为要受社会因素的影响,比如消费者所处的群体、家庭、社会角色与地位等。

5. 个人因素

个人因素也会影响购买者的行为,比如购买者的年龄、生命周期的各个阶段、职业、经济情况、生活方式、个性以及自我意念等。

(Philip Kotler,等. 市场营销原理[M]. 7 版. 北京:清华大学出版社,2000:95.)

6.2 影响商业交易行为的产品综合因素分析

6.2.1 产品的市场定位分析

随着卖方市场向买方市场的转变,各商家越来越重视产品的市场定位。因为产品能否销售得好,不单单靠质量、功能、外观等一些物理性质,很大程度上受市场定位的影响。一个产品销售得好,一定有它自己独特的、与众不同的特点,也有它最适应的市场,深入挖掘产品本身的特点。找到产品最有价值的地方并把它"发扬光大"并不是很容易的,要根据产品的不同应用、不同的方式方法,没有一定的规律可言,这就是产品的市场定位的特殊之处。

1)产品市场定位的含义

产品市场定位是根据竞争者现有产品在市场上所处的地位及消费者或用户对产品某一特征或属性的心理期待和重视程度,努力塑造出本企业产品与众不同的、给人印象鲜明的个性或形象,并把这种形象和个性特征生动有效地传递给目标顾客,使该产品在市场上确定强有力的竞争位置。

从产品市场定位的概念出发,可以对产品市场定位内涵进行如下几个方面的阐述:

①定位不在定位对象本身,而是在消费者心理期待和倾向。

②定位的关键在于找出消费者心理倾向和期待的坐标位置。

③定位并不一定基于竞争优势,但好的定位却可以形成竞争优势。

④定位不应仅仅局限于产品营销,它有着更为广阔的应用领域。

2)产品市场定位的作用

产品市场定位的概念提出来以后,受到企业界的广泛重视。越来越多的企业运用产品市场定位,参与竞争、扩大市场。其作用如下:

①产品市场定位有利于建立企业及产品的市场特色,是参与现代市场竞争的

有力武器。

②产品市场定位决策是企业制订市场营销组合策略的基础。

③市场定位能突出需求差异,有助于企业选择市场。

④市场定位是制定营销策略的依据和前提。

3)产品定位的运用策略

(1)市场细分是成功定位的基本保证

谈到市场定位就必然要与市场细分紧密地联系在一起。因为要进行市场定位,先要将市场进行有效地划分和筛选,找到最佳的目标顾客;然后将产品的品质、形象放置到顾客的头脑当中去;再通过市场细分和定位,寻找市场商机。

小故事

1957年,日本丰田汽车曾进入美国市场,并瞄准美国轿车的主流市场——排量高、体积大、马力强劲和价格昂贵的家用汽车,与其展开竞争,结果遭遇了滑铁卢。经过长时期潜心的市场分析和重新寻找市场定位,最终将丰田车定义为性能可靠、经济实惠、美观的中小排量的家用轿车,趁着世界能源危机的大背景下大举进军美国轿车市场并获得全胜。如今,它的市场份额高达12%,与名列美国汽车销量排名第三的克莱斯勒只差一个百分点,成为美国国内最大的外来汽车品牌。

(2)定位是一种心理策略

产品的市场定位作为一种营销策略更多地体现在如何了解顾客的心理需求上。只有将产品的定位与消费者的心理需求保持一致,并且赢得共鸣,你的定位就获得了成功。由于中国传统文化的影响,中国汽车消费市场呈一种与国际主流汽车市场相背驰的方向发展。中国人购买轿车就目前而言,更多的意义在于突显社会地位以及阶层。据调查表明,中国人在衡量购买轿车的主要因素依次为:外观、价格、性能、排量。因此,这就为韩国汽车迅速强占中国市场提供了良好的消费者心理定位标准。韩国汽车在没有改变主体汽车性能的前提下提高汽车外表的美观和增强汽车内饰的华丽以迎合中国汽车消费者的心理需求,赢得了一份可观的汽车市场的美羹。因此,定位是一种心理策略。

(3)定位不是一成不变的

任何产品的市场定位都不会是一劳永逸的。随着消费者、竞争对手、技术和经济形势的变化而发生变化,企业必须重新建立起主要产品的市场定位。只有这样才可能不断地吸引新的消费者,扩大市场份额。

（4）重新定位能使产品柳暗花明,获得新生

当产品的原有定位已经成为该产品在市场扩张的障碍时就需要对该产品进行重新定位。重新定位就是以一种全新的产品品质形象替代消费者心中的固有印象。但使用这个策略时需要十分谨慎,它需要有强大的沟通优势作为支撑。

（5）清晰的定位是使产品差异化的重要前提

在多元化战略的企业特别要谨慎定位,因为多元化可能会导致品牌定位的模糊。众所周知,多元化是当今企业规避市场风险的一把"双刃剑",对于采用多元化战略的企业来讲,市场定位的意义不仅在于为新产品找到消费者心目中合适的位置,还要避免对原有品牌定位模糊化的风险。

小故事

Swatch 为瑞士表夺回江山

瑞士手表一向以高品质、高档次、高价位著称,如劳力士、梅花、派捷特、隆奇等品牌手表一直占据高档手表市场。然而,受日本和香港等厂商出产的中低价位但式样新颖的手表的冲击,定位于技术复杂、品质优异的瑞士手表销售逐渐走下坡路,失去了往日风光。1981 年,瑞士最大的手表公司的子公司 ETA 开始一项新计划,结果推出了著名的 Swatch 手表,并迅速风靡全球手表市场。该手表不再以高品质、高价位定位,而是以款式新颖和低价位但不失高格调定位。该手表价格从40 美元到 100 美元不等,它主要作为时装表来吸引活跃的追求潮流的年轻人。Swatch 每年都要不断推出新式手表,以至于人们都焦急地期待新产品的出现,并将之作为收藏品。在低价位的基础上,Swatch 是如何保持它的高格调形象呢? 全凭销售渠道和限量生产。在美国,Swatch 手表最初在珠宝店和时新店销售,现在在高档货店也有销售,但不进入批发市场。它在几家大型百货商店中开设了专柜,以增加辅助品的销售,如太阳镜、眼镜盒等,让顾客在整个 Swatch 氛围中欣赏公司的产品设计。Swatch 手表虽然每年推出新款式,但每种款式在推出 5 个月后即停止生产,因而即使是最便宜的手表都有收藏价值,获得了"现代古董"的美称。通过高贵的名店销售价格便宜的商品,给顾客的感觉就变成了"物美价廉"。Swatch 之所以能为瑞士表夺回江山,最重要的可说是此一"物美价廉"定位策略的成功。可见,在外界环境发生变化之后,企业定位也应随之调整。

6.2.2 商品的质量与价格

质量是获得市场和利润的关键。产品质量较高不仅能赢得市场,而且还能提

高利润。可惜,许多企业似乎至今还没有注意到这一点。

美国国会审计部门——总审计局的一份研究报告指出,产品质量低劣影响国际竞争能力。华盛顿的经济政策领导者认为,美国对外贸易高额赤字的原因之一就是美国公司没有面向出口。它们曾经认为没有必要为世界市场制造产品,因为美国国内的市场已足够庞大,而且还在不断扩大。但是,当美国消费者对本国产品的需求已饱和时,在高质量消费品方面更多地去购买日本货时,美国消费品生产厂家就突然失去了顾客。

为此,被称为"国会警犬"的美国总审计局,每年举行一次"马尔科姆·鲍德里奇国家奖"的评选活动。这是一项质量奖,是以里根政府时期在一次竞技表演中丧生的商务部长的名字命名的。在1991年的评选中,有20家公司的产品进入最后选拔,总审计局对这20家公司进行了严格的评审。

总审计局研究报告的第一个认识是:上乘的质量可直接获得市场,这20家公司通过提高产品质量使市场占有率增长了13.7%。第二个认识是:高质量产品获取的利润每年可增加1.3%。亏本的产品在提高质量后也能变成赢利产品。同时,各公司通过提高产品质量使消费者的投诉一年减少了11.6%,消费者的满意率提高了2.6%。

令人惊奇的是,改善质量也会对工人的首创精神产生影响。美国总审计局的研究报告说,不断改进产品质量使职工感到满意,他们会更加努力地工作,少出事故,提高出勤率和更多地提合理化建议。美国一国会议员认为,这份研究报告应能对美国工业界中的迟钝者猛击一掌,促其醒悟。所有经营者应当赞成以较高的产品质量去提高产品的国际竞争能力。

产品质量与产品价格密切联系,二者不能孤立存在,必须结合在一起才能传达给顾客有意义的信息。日本的质量管理专家石川馨在定义质量时特别强调价格的作用,认为价格是质量的重要组成部分,不考虑价格就不能定义质量。因而,产品价格是相对于一定质量而言的。

6.2.3   商品的设计与包装

1)商品的设计

随着社会实践的不断深入,科学技术的迅速发展,新商品不断涌现。因此,研制或改进能够满足顾客实际需要及心理需要的新商品,是关系企业能否在激烈竞争中开拓市场、占领市场、求得生存与发展的重要问题。

顾客对商品,既有生理性的要求,也有心理性的需求。顾客在购买商品时,既有生理性动机,又有心理性动机,两者共同作用促成了购买行为。但随着人们生活水平的提高,心理性动机在购买决策中表现得越来越强烈。因此,对产品的设计应着重考虑以下几个方面的心理需求。

(1)便利

就是要求商品便于使用、维修、操作和搬运。这是顾客普遍存在的一种心理要求,也是购买新商品时经常考虑的因素。例如,彩电、空调、录像机等以前要用手在电器上来调节,现在可以运用遥控板在一定距离内进行调节。

(2)创造

就是要求商品在消费过程中能充分适应人体的生理结构和使用要求,同时增加心理上的快感。例如,现在汽车中司机和乘客的座椅都要求符合人体的生理曲线,使司机和乘客在长时间的乘坐过程中不致疲劳或难受。

(3)审美

就是要求新商品能满足顾客的审美情趣。爱美之心,人皆有之,随着生产水平的提高,顾客对美的追求,越来越强烈。例如,灯具不仅要满足人们对照明的需要,还要满足人们对装饰环境的需要。

(4)时尚

就是社会上流行的潮流。在消费生活中表现为人们对新潮商品的追求。这既是顾客顺应潮流,从众等心理需要,也是求新、求美等心理欲望的消费趋同。表现在消费需求上,就是喜欢追求新颖精致、合乎时尚的新商品。

(5)个性

就是希望通过具有独特个性的新商品来满足个人的个性心理需要。例如,通过价格昂贵、款式豪华的商品来显示身份高贵、地位显赫等。

2)商品的包装

成功的包装是引起顾客注意、诱导顾客兴趣、激发顾客欲望的基础。在包装的设计中,不仅需要良好的包装材料和科学原理,还必须结合心理学、美学、市场营销学等的基本知识,进行包装心理性能方面的设计。一般来说,有如下几点。

(1)要突出商品形象

美观适用的包装外观虽能吸引顾客的强烈反应,但大多数顾客更注重内在产品,这尤其体现在那些结构独特、挑选性强的商品上。因此,包装手段必须多样,能间接或直接反映商品的特点。这样,突出地显示商品形象,满足消费者的求实心理或习惯心理。同时,还能充分发挥包装的广告宣传作用。

（2）要具有艺术性和时代性

人们购买商品,不仅是为了满足对商品使用价值的需要,还希望得到一种艺术上的心理享受。同时,受社会时尚和相关团体的影响,顾客从心理上也希望自己所购的商品与所处时代相一致。

（3）要反映商业信誉

顾客在购买过程中,经常担心商品在使用时能否达到预期的效果,商品能否在功能上与心理上满足需要。因此,商品包装设计应切实反映生产者的声誉,消除顾客的疑虑心理,提高顾客对厂商和商品的信赖感,促进商品销售。

（4）要方便使用和保证安全

从顾客使用商品安全便利的方面考虑,包装力求科学实用。在包装材料、结构、形状等方面要做到既不损害商品又不损害顾客身体健康。

（5）要使顾客产生美好联想

不同的顾客由于文化、民族、地域、年龄、宗教、性别、收入等各不相同,对同一事物也会产生不同的理解。因此,商品包装设计时要考虑差异因素,使顾客产生美好的联想,避免使顾客产生不吉利的联想。

茶叶营销

6.3 顾客的价格心理与价格判断

6.3.1 顾客的价格心理需求

消费者对商品价格的心理反应是影响消费者购买行为的重要因素。

1）消费者对价格的心理反应

（1）对价格的习惯心理

消费者在多次的购买中加深了对商品的认识，积累了经验，形成了对某种商品价格的习惯性，这种商品大多是使用普遍、数量大、购买频率高、适应面大的基本生活用品。这种习惯性价格持续时间长，传播广，一旦形成，人们会把这个价格当做衡量价格是否合理及质量好坏、使用寿命长短的标准。因此，对这种价格的调整要谨慎。

（2）对价格的感受性心理

消费者对同类或不同类的商品价格进行比较，以识别和判断商品价格的高低，这种标准只是相对而言的。一般是通过对比同类商品价格，或是同一商场内不同类商品价格的对比，或是通过商品本身外观、包装、重量、使用特点等进行比较。这样比较的结果往往不正确，这是由于消费者感觉和判断常会出现错觉。

（3）对价格的敏感性心理

指消费者对商品价格变动的反应程度。由于价格高低直接关系到消费者是否购买及购买多少，所以消费者对价格变化一般是很敏感的，但对于不同的商品其敏

××酱油由3元涨到3元5角啦！

××电冰箱
原价：4 550元
现价：4 580元

是啊，你看电冰箱的价格就基本稳定哦！

感性是不同的。与日常生活密切相关的商品价格敏感性高,反之较低。

（4）价格的倾向性心理

价格一般有高、中、低之分,不同档次其价值、品质不同。不同类型的消费者中,有的喜欢买功能全而且先进、外观漂亮独特的高价名牌商品;有的喜欢价格居中,具备一定功能的商品;有的喜欢价格低廉、经济实惠的商品。这种不同主要表现在购买中人们对价格的选择会有明显不同的倾向,而这种不同实际上是不同消费心理的不同反应。

2）心理价格及影响因素

消费者心理价格是指消费者在主观上对一种商品给出的价格,或者是消费者在商品价格既定情况下,对商品的接受程度。比如,在日常生活中,就经常听到消费者这样说,"这东西,顶多值 10 元""那个东西,至少要 100 元",这就是消费者主观上对商品价值的判断。在价格既定情况下,消费者对一种商品的接受程度有高低之分。我们把企业的产品在市场上的销售快慢看做是既受商品自身价格的影响,又受消费者爱好的影响。

企业产品的销售状况同消费者的心理价格成正比,同商品自身价格成反比。商品价格和消费者心理价格可以各自独立对商品销售量起作用,商品自身价格也会对消费者心理价格发生影响而影响商品销售量。例如,对高档消费品来说,如果某牌号的商品价格偏低,或由高降低,消费者很可能会认为是质量出了毛病或质量不好,这样,低价却导致了消费者心理价格下降;反之某个牌号的商品,其定价比同类商品高,消费者反而以为这是由于产品质量好的结果,高价促使了消费者心理价格更多地上升,这样该商品会因高价而走俏。

如何提高产品的消费者心理价格,企业经营者应该注意和运用的主要因素有以下几点:

（1）产品质量

一般来说,质量越高的商品,消费者的心理价格也越高,质量对使用者心理价格影响的强弱成正比是商品的使用时间的长短。产品无故障使用时间很长,消费者心理价格就很高;如果产品的使用时间很短,消费者的心理价格就很低。质量问题哪怕很小,也会大大降低消费者心理价格。因此企业要提高产品质量,从根本上提高消费者心理价格,要在消费者中建立起高度的质量信任感。

（2）企业声望

企业的声望,对于产品的消费者心理价格有着很重要的影响。一家知名度高,深受消费者信任和喜爱的企业,它的产品往往具有很高的"消费者心理价格"。为了提高企业声望,一些具有名牌产品的企业可将自己的牌子和厂名相联系,这样一旦产品牌子响了,企业也出名了。不外乎是企业要生产质量过硬的产品,并通过各种方法和途径向消费者介绍宣传自己。

（3）销售服务

企业对消费者提供的服务是多方面、多阶段的。不仅售后服务对"消费者心理价格"有着重要的影响,而且售前和售中服务也有很大的影响。企业在商品走销时,不能放松自己的售后服务,更不能不兑现自己许诺的服务。否则就是在败坏自己的声望,降低"消费者心理价格"。

3）商品价格与消费者心理行为的关系

（1）价格是消费者衡量商品价值和品质的直接标准

在消费者对商品品质、性能知之甚少的情况下,主要通过价格判断商品品质。许多人认为价格高表示商品质量好,价格低表明商品品质差,这种心理认识与成本定价方法以及价格构成理论相一致。所以,便宜的价格不一定能促进消费者购买,还可能会使人们产生对商品品质、性能的怀疑。适中的价格,可以使消费者对商品品质、性能有"放心感"。

（2）价格是消费者社会地位和经济收入的象征

一些人往往把某些高档商品同一定的社会地位、经济收入、文化修养等联系在一起,认为购买高价格的商品,可以显示自己优越的社会地位、丰厚的经济收入和高雅的文化修养,可以博得别人的尊敬,并以此为满足;相反,使用价格便宜的商品,则感到与自己的身份地位不符。

（3）价格直接影响消费者的需要量

一般来说,价格上升会引起需要量下降,抑制消费;价格下降会增加需要量,刺激消费。但也有时情况相反,各种商品价格普遍上升时,会使消费者预期未来价格将继续上升,增加即期需要量;反之,则预期未来价格将继续下降,减少即期需要量,产生"买涨不买落"心理。造成这种情况的原因是消费者的生活经验、经济条件、知觉程度、心理特征等有着不同程度的差异,他们对价格的认识及心理反应千差万别。

人们常说百人有百心,百货对百客。商家要千方百计地去了解消费者的需求,并针对不同的需求层次提供不同的商品,制定不同的价格策略。

6.3.2　心理定价策略及定价方法

1）整数定价策略

所谓整数定价策略，是指企业通过采取舍零就高或者舍零就低的策略，使产品价格表现为整数的价格表现策略。整数定价策略是利用消费者的价格错觉进行标价的心理策略。当产品价格以整数的形式出现在消费者面前的时候，往往会显得浑厚、博大，如巍巍高山，不但可以使消费者产生一种优质优价、名牌名价的价值联想，而且便于分档，便于交易，便于传播，便于记忆。

显然，这对于那些求名、求奢的高收入消费者来说，无疑可以提高产品的价格诱惑力。

一般来说，整数定价策略比较适用于生活资料中的高档消费品和生产资料中的高价耐用品，即价格基数较高的产品定价。

2）尾数定价策略

所谓尾数定价策略，是指企业通过采取舍整加零或者舍整减零的策略，使产品价格表现为尾数的价格表现策略。尾数定价策略也是利用消费者的价格错觉进行标价的心理策略。当产品价格以零数的形式出现在消费者面前的时候，往往会显得精细，如涓涓细流，不但可以使消费者产生一种实惠实价、薄利多销的价值联想，而且可以增加消费者对产品价格的信赖感，认为那价格是经过认真核算的结果。

小故事

在英国伦敦牛津街有一家全部以"99"作尾数为产品标价的商店。一磅带骨兔肉标价为 0.99 英镑，一条普通腰带标价为 1.99 英镑，一双女式凉鞋标价为 12.99 英镑，一架佳能相机标价为 199.99 英镑，一台索尼彩电标价为 399.99 英镑。

显然，这对于那些求实、求廉的低收入消费者来说，无疑会提高产品的价格诱惑力。

一般来说，尾数定价策略比较适用于生活资料中的日用消费品和生产资料中的接近原始品，即价格基数较低的产品定价。那些价格非常接近整数，却又与整数保持距离，尽管人人都知道这简直就是一个哄三岁小儿的骗局，结果还是顾客盈门，生意兴隆。

小故事

我国长城电脑公司生产的金长城家用电脑，标价为 4 999 元，谁都知道那就是

5 000元,结果也是生意兴隆,顾客盈门。当然,标价并非"9"不可,但是,却不能不顾及我们以上所说的数字心理。九为久,八为发,六为顺。金长城以"9"标价,同类企业如果也以"9"标价,难免会有鹦鹉学舌之嫌,于是TCL王牌就以"8"标价,将他们生产的TCL王牌家用电脑标价为4 888元,结果也起到了很好的促销效果。

3)声望定价策略

所谓声望定价策略,是指企业借助企业或者产品的声望,即企业或者产品的知名度和美誉度,以较高整数价位对产品进行标价的价格表现策略。一般来说,这种策略比较适用于名牌企业或者名牌产品的价格表现。同时,也适用于生活资料中的选购品和特殊品的产品标价。

显然,这是一种利用某个消费者群的求名、求奢心理进行价格表现的定价策略。求名、求奢的消费者,一般都是收入水平较高,消费层次较高的消费者,以较高整数价位进行标价,不但可以抬高产品的身价,而且可以抬高顾客的身价。在满足此类消费者群高层次物质需要的同时,也满足此类消费者群高层次的精神需要,使他们的自尊心也得到满足。

小故事

一家皮革制品企业新开发一种新式真皮拖鞋,刚投放市场时,每双标价为200元,结果,门庭冷落,知音难觅。企业由于资金周转的压力,决定降价处理,每双标价为50元,却仍然无人问津。企业正在一筹莫展之际,一位市场策划人员通过市场调查之后,这才发现,将拖鞋定价为200元或50元,大款们都不屑购买,工薪族却无力购买。上不着天,下不着地,那产品标价就成了无的放矢。后来,他们采取了声望定价的策略,以大款们为定价目标。先是通过广告宣传来提高产品的声望,然后以1 188元的价位进行标价,结果,竟然声誉雀起,一举成功。

我国是一个文明古国,知名度和美誉度较高的传统商品不胜枚举。但是,由于不理解声望定价策略的意义和作用,大多采取薄利多销的定价策略,结果,不但商品难以销售,反倒砸了传统商品的牌子。

1985年,我国将参加巴黎世界博览会的中国成套瓷器标价为300法郎,价格低得就像农村人吃饭的大碗。原以为会购者如云,结果却受到了人们的冷落,使一些原打算"请去"作为家庭摆设的消费者望而却步。其原因就在于,那标价距离他们心目中的价格实在太远太远。因为,作为可以炫耀于人的家庭摆设,不但其品质要高贵典雅,而且其价格也应该与之匹配。标价太低,反倒使于羞于问津。

4）从众定价策略

所谓从众定价策略,是指企业借助社会上正在流行的消费时尚,对企业生产的,并与时尚相吻合的产品,以较高尾数价位进行标价的价格表现策略。一般来说,这种策略比较适用于与某种名牌产品在造型、品牌、商标、包装等方面相类似产品的价格表现。同时,对正处在某种消费时尚之中的产品也可以采取此种定价策略。

显然,这是一种利用某个消费者群的崇拜名人和追求时髦心理而进行价格表现的定价策略。社会心理学的研究发现,从众心理是一种群体心理现象。一个生活在群体之中的个体,总会受到真实的或者臆想的群体舆论的压力,从而在思想或者行动上,自觉或者不自觉地与群体中多数人保持一致。这种心理现象,即为从众。当然,从众有真有假。真实的从众者大多是一些缺乏主见的幼稚者,虚假的从众者大多是一些见风使舵的圆滑者。这种从众心理在消费模式方面的表现是,凡是乐于崇拜名人和追求时髦者,大多是一些经济收入不高、文化层次较低的人。要高消费而不可得,想耐寂寞而心不安,于是就转而求其次,拉大旗做虎皮,搜寻假冒伪劣来代替。

显然,如果企业的产品与社会时尚相吻合,也可以采取高价位的价格表现策略。只是那标价应该化整为零,以适应崇拜者和追求者底气不足,明里求名、求奢,暗里求实、求廉的心理特点。

现在,企业越来越认识到了名牌战略的重要意义,从而使 CIS 设计成为人人乐道的话题。但是,林子大了什么鸟儿都有。有创造名牌者,就必然有假冒名牌者。假冒伪劣产品成本低,价值低,因此,其标价往往也难以理直气壮。人家的皮尔卡丹标价上万元,他们的"皮尔卡丹"标价不足一千元;人家的雅戈尔标价几千元,他们的"雅戈尔"标价几百元。虽然狐狸的头钻进了山洞里,可那不争气的尾巴却落在了洞外边。

5）习惯定价策略

所谓习惯定价策略,是指企业根据某个消费者群所共有的价格习惯,因时制宜或者因地制宜地为产品标价的定价策略。显然,这是一种利用消费者的心理定势进行标价的价格策略。一般来说,消费者无不具有自己的价格习惯。这些习惯经过消费者长期的重复购买形成,并成为一种模式化的价格倾向。因此,在他们对产品进行价格或者价值评价的时候,都会利用他们所佩戴的"有色眼镜"进行扫描。任何一点小小的变化都会引起他们的警觉,并根据自己的主观评价来决定是接纳还是拒绝。这就是说,消费者一般都只是接受他们所乐于接受的产品标价。

习惯性定价的基本特点是保持产品价格的稳定性。因此,此种定价策略比较适用于产品质量稳定、需求弹性不大、花色品种较多、价格弹性较小的产品标价,如生活资料中的生活必需品和生产资料中的生产必需品等。如果企业违背消费者的价格习惯随意调价,提价会引起他们的需求转移,降价也会引起他们的心理焦虑,认为那是产品质量降低所致。

6) 参照定价策略

所谓参照定价策略,是指企业参照消费者头脑中已经储存的价格信息对产品进行标价,从而反衬出所标产品的价格特点以促进产品销售的定价策略。

显然,这是一种利用消费者的价格对比心理进行标价的价格策略。这种对比不但表现在质量对比方面,而且表现在价格对比方面。只有他们认为自己的付出确有价值时,他们才会掏出自己的钱。

一般来说,这种被选择作为参照系的产品价格,可以是这种产品以前的销售价格,也可以是这种产品目前的市场流行价格。但是,最具有对比作用的还是竞争对手的产品价格。同时,产品标价也不是非低于对方的标价不可,有时候,高于对方的标价也可以引起消费者的注意和选择。总之,从差别感觉阈限的角度看,只要黑白分明,对比强烈,都可以起到参照定价的作用。

7) 招徕定价策略

所谓招徕定价策略,是指在自己经营的所有产品中,有意将其中的个别产品以较低的价位标价,并公之于众,广为招徕,却又将其他的产品以平价、稳价甚至高价出售,从而达到以低价招徕顾客,以高价销售产品的目的。

一般来说,招徕的产品标价,可以是真实的降价销售,也可以虚增在先,假降于后,而在实质上并未降价。但是,既为招徕,不管是真是假,所发出的信息都必须具有较强的冲击力。现在的一些厂家或者商家,以爆炸性刺激的方式推出的“酬宾大减价”或者“放血大甩卖”等,无不把产品或者商品的原价抬至天高,说是“原价上千,现价百元”,或者说是“商店整修”“店铺转让”“改变经营方向”“决定退出商海"等,都属于招徕顾客者经常变换的手法。

8)满意定价策略

所谓满意定价策略,是指企业通过科学和充分的市场调查,准确把握消费者对某种产品的价格需求,以买卖双方都感到满意的销售价格为产品标价的定价策略。

从传统的观点看,买卖双方的价格需求是对立的。但是,从现代的观点看,买卖双方的价格需求又是统一的。因此我们认为,满意定价策略不是来源于卖方的主观想象,也不是来源于买方的主观愿望,而是来源于买卖双方的充分沟通。对于企业来说,只有充分展示产品的功能和性能特点,才能为争取满意的产品价格奠定基础。

9)分级定价策略

所谓分级定价策略,是指企业在市场细分的基础上,按照产品存在的差异分别标价的价格策略。产品存在的差异是多方面的。按照菲利普·科特勒的观点,这种差异至少表现在以下三个方面:

其一是产品的实质差异,即产品在功能和性能两方面存在的差异。功能代表产品的性质,性能代表产品的质量。前者缺乏可比性,后者充满可比性。显然,对于相同功能的产品,产品质量才是分级的基础。

其二是产品的形式差异,即产品在造型、品牌、商标、包装等方面存在的差异。由于消费者对产品形式的评价取决于其审美观点,而审美观点又缺乏统一性,不但其分级非常复杂,而且对产品定价影响也最大。

其三是产品的延伸差异,即产品在销售服务等方面的差异。按照现代市场营销学的观点,服务也是产品。企业完全可以根据销售服务的时段和质量分别制定不同的价格档次。一般来说,消费者在其生命的早期阶段,以及收入水平高、文化程度低的消费者,比较偏爱功能全、款式新、质量优、标价高的高档产品;消费者在其生命的中晚期阶段,以及收入水平低、文化程度高的消费者比较喜欢坚固、耐用、物美、价廉的中档产品。

选择分级定价策略应当满足不同档次消费者的特殊需求,注意将特殊的产品以特殊的标价销售给特殊的人。同时,档次的划分也不宜过多,从市场细分的角度看,过多则市场潜力小。但是,产品的价格差异却不能过小,从差别感觉阈限的角度看,过小则缺乏对比度。一般来说,产品标价的价格差异应以消费者能够明显感知为标准。

10)组合定价策略

所谓组合定价策略,是指企业将自己生产的产品,按照互补或者配套关系组合在一起,综合统筹,分别定价,以求在整体上促进产品销售并提高经济效益的定价策略。

小故事

巧妙的"降价"

美国生产的派克牌金笔,原来每支标价 4 美元,可获得销售利润 0.6 美元。该金笔厂的年销售量为 1 000 万支,那么,全年销售利润就为 600 万美元。与之组合的派克牌墨水每瓶 0.5 美元,可获得销售利润 0.15 美元,年销售量为 3 000 万瓶,全年销售利润就为 450 万美元。两者相加,其利润总额为 1 050 万美元。后来,派克金笔厂采取了组合定价的策略,并将整数定价改为尾数定价,把每支金笔的标价降低为 3.8 美元,立即产生了尾数效应,从而使金笔的年销量增加到 1 400 万支。由于金笔销量的引发作用,墨水销量增加到了 4 200 万瓶,年销售利润由 450 万美元上升到了 630 万美元。虽然金笔的尾数效应使其利润由 600 万美元降低 560 万美元,总利润还是达到了 1 190 万美元,比组合之前提高了 140 万美元。

由此可见,对产品和价格进行整体统筹,科学组合,不但可以提高产品的销量,而且可以提高企业的利润。一般来说,组合定价策略比较适用于既可配套使用,又可单独使用的产品。对主导产品采取低价位尾数标价以吸引顾客,对配套产品采取高价位整数标价以赚取利润,可以起到彼此照应、相得益彰的结果。这就是说,对产品价值较大,购买频率较低,消费者对价格反应敏感的产品,可以采取低价位尾数标价;对于产品价值较小,购买频率较高,消费者对价格反应迟钝的产品,可以采取高价位整数标价。

6.3.3　商品价格的调整策略

商品价格确定之后,并不是固定不变的,随着销售时间、销售地点、市场目标、市场供需、定价目标、定价导向等诸多因素的发展变化,商品的价格往往也需要进行相应的变动。在一定的意义上,我们可以说,商品价格的稳定只是相对的,而商品价格的调整则是绝对的。

1）商品价格调整的意义

（1）通过价格调整可以更好地贯彻企业的营销战略

战略是影响全局和影响长远的策略。企业的市场营销战略也是影响全局和影响长远的策略。当企业的市场营销战略发生变化的时候,构成企业市场营销组合的所有因素,如产品、定价、分销、促销以及构成产品促销组合的所有因素,人员推销、营业推广、广告宣传、公共关系等也都要因势而转,通过各自不同的适应性变化来贯彻和支撑企业的市场营销战略。商品定价作为一种反应最为敏感,也最为明显的因素,显然应当起到冲锋陷阵,一往无前的作用。

（2）通过价格调整可以更好地适应商品的市场环境

常言道:"世态舆情如流水。"企业市场营销的客观环境也时时处在变动不居的过程之中。当整个社会的经济状况和与之相适应的价格需求发生变化的时候,企业的商品价格只有因势而转地进行调整,才能借风扬帆,顺水推舟,适应宏观的经济环境和微观的市场环境。当然,竞争对手的定价策略也是企业产品定价所面临的环境。

（3）通过价格调整可以更好地应用商品的定价艺术

商品的定价是一门艺术,是非常灵活的。其灵活性不但表现在企业的定价目标和商品的定价导向、定价策略、定价技巧等方面,尤其表现在商品的价格调整方面。因时制宜、因地制宜,因人而异、因事而异,是商品定价艺术的灵魂。因此,商品定价只有因势而转,随机应变地进行调整,才能保持高度的灵活性和针对性,迅速完成商品价格的促销功能。

（4）通过价格调整可以更好地应付商品的价格竞争

商品定价的艺术性,不但表现在它对社会和市场环境的适应性方面,尤其表现在它对竞争对手的针对性方面。古人云:"知己知彼,百战不殆。"其中,"知己"是为了扬长避短,发挥优势;"知彼"是为了"师夷长技以制夷"。显然,企业只有根据并针对竞争对手的商品定价来调整自己的定价策略,才能做到"魔高一尺,道高一丈",达到"师夷长技以制夷"的理想境界。这就是说,只有针对竞争者,学习竞争者,才能超越竞争者,战胜竞争者。

2）调价策略

古人云:"法无定法,非法法也。"其实,商品价格调整的策略也是如此。按照价格调整的方向,我们可以把商品调价的策略划分为商品调价的升价策略和商品调价的降价策略两大类型。

（1）商品调价的升价策略

所谓商品调价的升价策略，是指企业通过将商品价格在原来的基础上上调的形式来达到其调价目的的价格策略。

一般来说，企业在以下几种情况下，可以采取价格调整的升价策略：

①应付成本上涨。应付成本上涨是商品价格上调的主要原因。当商品生产的固定成本和变动成本不断上涨的时候，如果商品继续维持原价销售，势必会影响企业利润目标的实现，甚至会影响企业的生存和发展。在此种情况下，企业将商品的销售价格上调，显然可以转移因成本上涨所带来的压力。

②应付通货膨胀。应付通货膨胀也是商品价格上调的主要原因。通货膨胀是一种以企业之力既难以抗拒，也难以回避的压力。其典型表现是货币贬值，从而使产品的既定价格远远低于它所具有的使用价值。当商品标价不再反映商品价值的时候，将价格适当上调，不但可以保持价格与价值的平衡，而且可以减少因货币贬值所带来的损失。

③针对市场需求。针对市场需求将产品价格上调是企业经常采取的手法。价格是需求的晴雨表。这就是说，当市场供需矛盾的变化以供不应求的态势表现出来的时候，将产品的销售价格适当上调，不但可以缓解市场短缺的压力，而且可以增加企业的销售利润，提高企业的经济效益。

④针对产品开发。针对产品开发将商品价格上调也是企业经常采取的手法。企业的新产品开发往往需要较多的资金投入；同时，新产品也往往具有技术含量高、产品性能好的特点。因此，对经过技术革新或者原料更新的产品，将其销售价格适当上调，不但可以迅速补偿产品的开发费用，而且以新标新，以新立新，起到标示商品价值的作用。

⑤针对市场竞争。针对市场竞争将产品价格上调是企业可以选择的特殊策略。同类商品的市场竞争，一般都采取低价竞争的策略。其实，如果企业反其道而行之，采取高价竞争的策略，将同类商品的价格上调，即便不能起到高价促销的作用，起码也可以引起消费者的注意和思考，从而提高企业产品的身价和品位。

⑥针对顾客关系。针对顾客关系将商品价格上调也是企业可以采取的特殊策略。根据企业与顾客关系的不同特点分别定价，是一种较为普遍的定价策略。其实，在企业的定价实践中，关系越是密切，价格越要上调的现象也是大量存在的。特别是当消费者是团体市场和公费购买的时候，企业显然更乐意采取将价格上调的销售策略。当然，随着市场经济的不断完善，这种不规范的价格现象会逐渐消失。

（2）商品调价的降价策略

所谓商品调价的降价策略，是指企业通过将商品价格在原来的基础上下调的形式来达到其调价目的的价格策略。

一般来说，企业在以下几种情况下，可以采取价格调整的降价策略：

①因为生产成本降低。生产成本降低是企业采取降价调整策略的根本原因。成本是企业产品定价的最低经济界限，当企业的生产成本进一步降低的时候，其最低经济界限的"绝对值"必然会随之降低。

②因为生产能力过剩。生产能力过剩也是企业采取降价调整策略的根本原因。市场营销学边际效益的理论告诉我们，当企业的生产能力过剩之时，停止或者部分停止生产，都会使企业的生产消耗和管理费用处于一种相对稳定的状态。但是，如果企业采取维持生产，降价销售的策略，则可以取得收支相抵，保本经营的效果。

③因为需求弹性加大。需求弹性加大是企业采取降价调整策略的重要原因之一。对于那些价值较小，价格较低的商品，尤其是非生活和生产必需品来说，采取降价调整的策略，显然可以提高商品的销售增长率和企业的市场占有率。

④因为市场竞争加剧。市场竞争加剧也是企业采取降价调整策略的重要原因之一。市场经济既是青睐价值规律的经济形态，也是青睐竞争规律的经济形态。由于竞争者队伍的壮大，或者由于竞争价格的降低，都会对企业的销售增长率和市场占有率构成威胁。在此情势下，企业将不得不采取降价调整的策略以迎接挑战。

⑤为了适应经济形势。经济形势的发展变化，尤其是经济形势的持续恶化，往往是企业不得不选择降价调整策略的外在被动原因。

⑥为了协调顾客关系。顾客关系的性质，尤其是对于其重要顾客和忠诚顾客来说，往往是企业选择降价调整策略的内在的主动的原因。如果说计划经济是短缺经济、卖方市场，商品大多会供不应求，因而升价调整是其基本趋势，那么，市场经济则是剩余经济、买方市场，商品大多会供大于求，因而降价调整是其基本趋势。这就如同日本爱华公司总裁尤纳克所说："如果你能够以竞争对手生产成本的半价生产同类商品，那么，你就能有效地占领市场。"尤纳克对此观念也身体力行，他所生产的仿索尼"随身听"竟然比竞争对手的同类商品便宜25%~65%。

低成本承托了低价格，低价格增强了竞争力。在美国微型组合音响市场上，爱华产品纵横驰骋，所向披靡，风卷残云般占据了美国同类音响市场的半壁江山。

【做一做】

6.4 商业心理案例分析(实训)

1)案例分析

宝马公司产品成功地进入亚洲市场

宝马公司试图吸引新一代寻求经济和社会地位成功的亚洲商人。宝马的产品定位是:最完美的驾驶工具。宝马要传递给顾客创新、动力、美感的品牌魅力。这个诉求的三大支持是:设计、动力和科技。公司的所有促销活动都以这个定位为主题,并在上述三者中选取至少一项作为支持。每个要素的宣传都要考虑到宝马的顾客群,要使顾客感觉到宝马是"成功的新象征"。要实现这一目标,宝马公司欲采取两种手段,一是区别旧与新,使宝马从其他品牌中脱颖而出;二是明确那些期望宝马成为自己成功和地位象征的车主有哪些需求,并去满足它。宝马汽车种类繁多,分别以不同系列来设定。在亚洲地区,宝马公司根据亚洲顾客的需求,着重推销宝马三系列、宝马五系列、宝马七系列、宝马八系列。这几个车型的共同特点是:节能。

①宝马三系列。三系列原为中高级小型车,新三系列有三种车体变化:四门房车、双座跑车、敞篷车和三门小型车,共有七种引擎。车内空间宽敞舒适。

②宝马五系列。备有强力引擎的中型房车五系列是宝马的新发明。五系列除了在外形上比三系列大,它们的灵敏度是相似的。拥有两种车体设计的五系列配有从1 800马力到4 000马力的引擎,4个、6个或8个汽缸。五系列提供多样化的车型,足以满足人们对各类大小汽车的所有需求。

③宝马七系列。七系列于1994年9月进军亚洲,无论从外观或内部看都属于宝马大型车等级。七系列房车的特点包括了优良品质、舒适与创新设计,已成为宝马汽车的象征。七系列除了有基本车体以外,还有加长车型可供选择。

④宝马八系列。八系列延续了宝马优质跑车的传统,造型独特、优雅。

宝马汽车的价格比同类汽车一般要高出10%~20%。宝马的目标在追求成功的高价政策,以高于其他大众车的价格出现。宝马公司认为宝马制订高价策略是因为:高价也就意味着宝马汽车的高品质,高价也意味着宝马品牌的地位和声望,高价表示了宝马品牌与竞争品牌相比具有的专用性和独特性,高价更显示出车主的社会成就。总之,宝马的高价策略是以公司拥有的优于其他厂商品牌的优质产品和完善的服务特性,以及宝马品牌象征的价值为基础的。

评析:你眼中宝马公司的定价策略。

_____

_____

_____

2)实训

实训内容:影响商业行为的客观因素调查。

实训目的:调查影响商业行为成败的客观因素,通过对这些行为的成败分析,更加客观地认识到商业行为不仅与个人因素有关,还与社会文化、群体、经济等多方因素有关。

实训人员:

①实训指导:任课老师。

②实训编组:选根据本次实训的对象,将学生分为两大组,再在每大组里将学生又按 3~4 人分成若干小组,每组选一名同学负责并作好相关记录。

实训时间:3~5 天

实训步骤:

①由教师在校内组织安全教育。

②选定附近商业区及住宅区,分商家与消费者两条线分别进行调查。

③分组撰写调查报告。

④将两大组的记录及分析汇总整理。

⑤实训小结。

实训要求:利用调查时间,进行随机与选定目标多方式进行较全面调查,扩大调查面,让事实说话,使调查结果更接近真实情况。

任务回顾:通过对本章的学习,使我们初步掌握了影响商业行为的因素除了消费者个人主观因素外,还有很多的客观影响因素,这些因素归纳起来,主要是社会、产品、价格及销售人员的基本素质等方面。通过对这些因素的认识,为今后我们进行成功的商业活动打下基础。

【名词速查】

1.商品调价的升价策略

商品调价的升价策略是指企业通过将商品价格在原来的基础上上调的形式来达到其调价目的的价格策略。

2.产品市场定位

产品市场定位是根据竞争者现有产品在市场上所处的地位和消费者或用户对产品某一特征或属性的重视程度,努力塑造出本企业产品与众不同的、给人印象鲜明的个性或形象,并把这种形象和个性特征生动有利地传递给目标顾客,使该产品在市场上确定强有力的竞争位置。

3.家庭群体

家庭群体是由婚姻与血缘关系组成,基本的生产及生活单位家庭是一种很特殊的群体。

4.边际效用

边际效用是指当所有其他的商品的消费水平保持不变时,从额外一单位商品中所获得额外满足(即效用)。

5.边际效用递减律

边际效用递减律根据这一法则,当一个人消费越来越多的某种商品时(其他商品的消费保持不变),商品的边际效用最终会趋于下降。

6.尾数定价策略

尾数定价策略是指企业通过采取舍整加零或者舍整减零的策略,使产品价格表现为尾数的价格表现策略。

7.从众定价策略

从众定价策略是指企业借助社会上正在流行的消费时尚,对企业生产的,并与时尚相吻合的产品,以较高尾数价位进行标价的价格表现策略。

【任务检测】

一、单选题

1.尾数定价策略也是利用消费者的( )进行标价的心理策略。

    A.价值观念　　　　B.贪小便宜思想　　C.审美标准　　　　D.价格错觉

2. 产生消费动机的最基本因素是(　　)。
　　A. 文化　　　　　　B. 家庭　　　　　　C. 经济　　　　　　D. 群体

3. 促使消费者购买的支配因素是(　　)。
　　A. 产品质量　　　　　　　　　　B. 产品的性价比
　　C. 产品价格　　　　　　　　　　D. 消费者的个性特征

4. 提高产品的消费者心理价格的主要因素有(　　)。
　　A. 文化因素　　　B. 产品质量　　　C. 企业声望　　　D. 销售服务

5. 通常人们所说的"随大流"在商业行为是指(　　)。
　　A. 同群效应　　　B. 从众效应　　　C. 马太效应　　　D. 蝴蝶效应

二、多选题

1. 亚文化群中影响购买行为最显著的有(　　)。
　　A. 民族亚文化群　　　　　　　B. 宗教亚文化群
　　C. 地理亚文化群　　　　　　　D. 性别亚文化群

2. 按与消费者的关系分类,参照群体分为哪几类(　　)。
　　A. 初级群体　　　B. 客户群体　　　C. 渴望群体　　　D. 次级群体

3. 对产品的设计应着重考虑(　　)等几个方面的心理需求。
　　A. 便利　　　　　B. 审美　　　　　C. 个性　　　　　D. 时尚

4. 销售员的素质要求可以分为(　　)方面。
　　A. 态度　　　　　B. 定位　　　　　C. 知识　　　　　D. 技能

5. 商品调价的策略划分为(　　)两大类型。
　　A. 升价策略　　　B. 调价策略　　　C. 降价策略　　　D. 倾销策略

三、判断题

1. 广告时选择名人出演,即是一种对参照群体的应用形式。　　　　　　(　　)
2. 家庭是社会的基本单位,但不属消费者购买群体。　　　　　　　　　(　　)
3. 质量是消费者衡量商品价值和品质的直接标准。　　　　　　　　　　(　　)
4. 一般说来,价格越低,对消费者的拉力越大,越容易发生购买行为。　(　　)
5. 产品的价格和性能的比值是决定消费者是否购买的支配因素。　　　　(　　)

四、思考题

1. 简述心理定价策略包括哪些?
2. 你知道什么是边际效用递减规律吗?
3. 良好的销售人员应具备哪些心理特征?

【任务检测参考答案】

一、单选题

1	2	3	4	5
D	C	B	A	B

二、多选题

1	2	3	4	5
ABC	ACD	ABCD	ACD	AC

三、判断题

1	2	3	4	5
√	×	×	√	√

四、思考题

1.简述心理定价策略包括哪些?

答:(1)整数定价策略

(2)尾数定价策略

(3)声望定价策略

(4)从众定价策略

(5)习惯定价策略

(6)参照定价策略

(7)招徕定价策略

(8)满意定价策略

(9)分级定价策略

(10)组合定价策略

2.你知道什么是边际效用递减规律吗?

答:消费者总是在自己的收入范围内作出合理的购买决策,以实现效用的最大化。这样,对某种商品购买得越多,其需求的满足程度就越大。但随着购买数量的增加,其边际效用(即多购的每一单位商品的追加利益)却是递减的,这种现象就是边际效用递减规律。

3.良好的销售的人员应具备哪些心理特征?

答:(1)学习的心态
　　(2)自信的心态
　　(3)乐观的心态
　　(4)付出的心态
　　(5)耐心
　　(6)敬业的心态

参考文献

［1］刘永芳.消费心理学［M］.上海:华东师范大学出版社,2006.

［2］李晓霞,刘剑.消费心理学［M］.北京:清华大学出版社,2006.

［3］柯红霞.消费心理学［M］.北京:对外经济贸易大学出版社,2006.

［4］徐雷.营销心理学基础［M］.北京:高等教育出版社,2005.

［5］张岩松.市场营销案例精选精析［M］.北京:经济管理出版社,2003.

［6］方世南.公共关系案例分析［M］.北京:中国商业出版社,1999.

［7］戈登·福克塞尔,罗纳德·戈德史密斯,斯蒂芬·布朗.市场营销中的心理学［M］.裴利芳,何润雨,译.北京:机械工业出版社,2001.

［8］冯军.消费心理学［M］.北京:对外经济贸易大学出版社,2008.

［9］黄希庭.消费心理学［M］.上海:华东师范大学出版社,2002.

［10］臧良运.消费心理学［M］.北京:电子工业出版社,2007.

［11］王生辉.消费者行为分析与实务［M］.北京:中国人民大学出版社,2006.

［12］单凤儒,刘宏.商业心理学［M］.北京:中国商业出版社,2005.

［13］王金清.商业心理学［M］.北京:中国商业出版社,2008.

［14］李志,时虹光.销售心理学基础［M］.北京:高等教育出版社,2002.

［15］刘永芳.消费心理学［M］.上海:华东师范大学出版社,2007.

［16］王瑞丰.市场营销技术［M］.北京:北京航空航天大学出版社,2007.

［17］张晋光,黄国辉.市场营销［M］.北京:机械工业出版社,2010.

［18］霍澜平.现代推销技术［M］.北京:高等教育出版社,2006.